Iris Seidenstricker

Ich bin dann mal die Haut retten

Mein Weg aus der Neurodermitis – mit der einfachsten Methode der Welt

BoD – Books on Demand

FSC
www.fsc.org
MIX
Papier aus verantwortungsvollen Quellen
Paper from responsible sources
FSC® C105338

Alle Informationen in diesem Buch wurden von der Autorin mit größter Sorgfalt recherchiert und zusammengestellt. Trotzdem sind Fehler nicht komplett auszuschließen und dieses Buch stellt auch keinen Ersatz für eine individuelle medizinische Beratung dar. Wenn Sie medizinischen Rat einholen möchten, konsultieren Sie bitte einen qualifizierten Arzt oder erfahrenen Heilpraktiker. Die Autorin schließt jegliche Haftung für Gesundheits- und Personenschäden aus, die in einem direkten oder indirekten Zusammenhang mit den Informationen stehen, die in diesem Buch enthalten sind.

Originalausgabe 2017
3. Auflage 2018
www.bod.de

www.seidenstricker-coaching.de
Titel der Originalausgabe: „Ich bin dann mal die Haut retten. Mein Weg aus der Neurodermitis – mit der einfachsten Methode der Welt“
Umschlagbild: Shutterstock
Umschlaggestaltung und Satz: Iris Seidenstricker
Herstellung und Verlag: BoD – Books on Demand, Norderstedt
Printed in Germany • ISBN 978-3-741-26341-5

Inhalt

Einleitung

Es gibt ein Leben ohne Neurodermitis

Wege entstehen dadurch, dass man sie geht.
Franz Kafka

Ich wache auf. Ein kurzer Check: nichts brennt, nichts juckt. Keine Stelle am Körper, die sich feucht oder heiß anfühlt. Die Finger kleben nicht aneinander, ich kann sie krümmen, ohne dass die Haut mit fiesem Schmerz einreißt.

Frische Morgenluft weht aus dem geöffneten Fenster kühl über mein Gesicht. Was für ein Tagesbeginn!

Neurodermitis ist ein quälendes, belastendes, oft nur schwer erträgliches und als unheilbar geltendes Leiden. Aber ein Buch darüber schreiben, dass ich mich nach 45 Jahren mit dieser Erkrankung in meiner Haut pudelwohl fühle?

Wozu? Es gibt doch schon so unendlich viel Literatur zu diesem Thema. Und man kann sich jederzeit in Internetforen oder auf speziellen Plattformen darüber austauschen, wie es sich mit Neurodermitis, die als häufigste chronische Hauterkrankung gilt, lebt und wie man sie behandeln kann.

4,5 Millionen Menschen leiden laut Deutscher Dermatologischer Gesellschaft an ihren Symptomen. Man geht auch in Österreich und der Schweiz davon aus, dass etwa 5 Prozent der Erwachsenen und 10 bis 20 Prozent der Kinder betroffen sind. Die Krankheitsfälle sollen sich in den letzten 60 Jahren in den Industrieländern vervierfacht haben und den Prognosen nach werden sie sich auch in Zukunft weiter erhöhen. Kaum eine andere Erkrankung zeigt diese Steigerung. Wobei nicht ganz klar ist, ob es tatsächlich mehr Fälle von Neurodermitis gibt als früher oder ob sie einfach nur öfter diagnostiziert wird, weil sich die Wahrnehmung von Ärzten und Betroffenen verändert hat. Man nimmt die Neurodermitis heute sehr ernst und Atopiker, wie Neurodermitiker von Medizinern auch genannt werden, suchen sowohl in der Schulmedizin als auch bei alternativen Heilmethoden Hoffnung, Hilfe und Heilung. Was dazu geführt hat, dass sie zunehmend von der Pharma- und Kosmetikindustrie entdeckt und aktiv umworben werden.

Inzwischen gibt es in den Regalen der Apotheken und Drogeriemärkte ein üppiges Angebot an Cremes, Salben und Lotionen für die speziellen Hautbedürfnisse von Neurodermitikern. Denn nach einstimmiger Meinung von Ärzten und Wissenschaftlern ist die konsequente, permanente und tägliche Pflege mit allem, was den Fett- und Feuchtigkeitsgehalt der Haut erhöht, bei Neurodermitis das A und O.

Wenn ich jemanden nach längerer Zeit treffe, höre ich oft, dass ich so verändert aussähe, so entspannt und – wie schön – so jung ...

Neue Frisur? Neuer Job? Oder vielleicht eine neue Liebe?

Weder noch.

Aber es stimmt, ich sehe anders aus. Wenn ich dann erzähle, was ich gemacht habe, sind die meisten baff. Und können nicht glauben, dass die bloße Entscheidung, von einem Moment auf den anderen alle Cremes wegzulassen, einer der wesentlichen Gründe für mein entspanntes Aussehen ist.

Meine über Jahrzehnte immer wieder schwer entzündete und von Neurodermitis gezeichnete Haut vollbrachte das Wunder, sich innerhalb weniger Monate nur aus sich selbst heraus komplett zu regenerieren.

Null Creme

Ich, die von klein auf »cremen, cremen, cremen« lernte, damit Juckreiz und Krankheitsschübe in Schach gehalten werden können, benutze heute weder nach dem Waschen noch nach dem Aufenthalt in kalter Winterluft oder heißer Sommersonne eine Creme, Lotion oder ein anderes Produkt. Mein Gesicht, mein Hals und meine Hände, wo die Neurodermitis immer am stärksten war, finden dies wunderbar und danken es mir mit einer gesunden und stabilen Haut.

»Sind Sie komplett verrückt geworden?«, hätte so mancher Dermatologe bestimmt fassungslos gesagt, wenn ich ihm von meinem Projekt »null Creme« erzählt hätte.

»Ihre Haut bildet nun einmal weniger Talg als eine gesunde und leidet außerdem unter einem Mangel an bestimmten Fettstoffen. Die Bindung von Wasser ist reduziert, die Schweißabsonderung wahrscheinlich auch. All diese Veränderungen führen dazu, dass die Hautbarriere gestört ist und Ihre Haut anfälliger für Infektionen und durchlässiger für Schadstoffe und Allergene wird. Wenn Sie nicht wollen, dass die eindringen, dann müssen Sie cremen! Nur so können Sie die Schutzfunktion Ihrer Haut verbessern.«

Der Dermatologe hätte eine kurze Pause gemacht, sich in seinem Stuhl zurückgelehnt und dann im Brustton der Überzeugung ergänzt: »Und Cremen, das können Sie mir nun wirklich glauben, ist immer noch die allerbeste Methode, um Schübe zu verhindern.«

Ich weiß. Nicht zu cremen widerspricht komplett dem, was Medizin, Kosmetik- und Pharmaindustrie zum Schutz und zur Pflege der angegriffenen Neurodermitis-Haut empfehlen. Mal ganz abgesehen davon, dass die Beschäftigung mit der eigenen

Haut erwiesenermaßen Körper und Seele gut tut. Seit meiner Kindheit habe ich mich deshalb ja auch ununterbrochen mit Cremes und Fettsalben versorgt. Bis mein Leiden über Jahrzehnte trotz ständigen Schmierens so groß wurde, dass ich einen anderen Weg suchen musste, um meine Haut zu retten. Und diesen paradoxerweise in der totalen Creme-Abstinenz fand.

Mut, Geduld und Vertrauen

»Das Außergewöhnliche geschieht nicht auf glatten, gewöhnlichen Wegen«, schrieb Johann Wolfgang von Goethe einst.

Wie wahr. Denn so einfach sich mein cremefreier Weg anhört und so wenig er im Gegensatz zu vielen anderen Neurodermitis-Therapien kostete – nämlich gar nichts –, so steinig und mühsam war er auch. Ich brauchte unendlich viel Mut, Geduld, Hoffnung und Vertrauen, ihn durchzuhalten und bis zum Ende zu gehen.

Mut, weil ich nicht wusste, ob er mich wirklich zur heilen Haut führt. Hoffnung, weil ich schon so viel ausprobiert hatte, um die Neurodermitis zu heilen oder wenigstens zu lindern, und nichts langfristig geholfen hat. Geduld, weil es nur in winzigen Schritten vorwärtsging, die sich häufig anfühlten, als würde sich nichts verändern oder als würde alles sogar noch schlimmer: Jucken, neu aufflammende Hitze, Schwellungen. Und Vertrauen, dass mein Körper über mächtige und äußerst wirksame Selbstheilungskräfte verfügt und diese auch aktivieren würde.

Und – ganz wichtig: Ich brauchte Menschen. Die auch an diesen Weg glaubten und mir ihre Zuversicht schenkten, wenn meine gerade dahinschwand.

Ich kann nur von meiner eigenen Erfahrung mit meiner entzündeten Haut berichten, davon, was mir half und was nicht. Das heißt nicht, dass es für andere genauso sein muss. Wie oft bin ich ganz aufgeregt in die nächste Apotheke gelaufen und habe mir die Wundersalbe xyz besorgt. Weil jemand in einem Internetforum begeistert berichtete, mit ihr endlich DIE Lösung für seine Neurodermitis gefunden zu haben. Meine Haut hat dann meistens schon beim ersten Kontakt mit der neuen Salbe gebrannt oder unerträglich gejuckt. Und ich, wieder um eine Hoffnung ärmer, machte mich von Neuem auf die Suche nach dem Wundermittel, dem echten »Heiligen Gral«, der mir wirklich eine gesunde Haut schenken würde.

Gefangene der Haut

Neurodermitis ist eine Krankheit, die einem nicht nur sämtliche Kraft, sondern auch jegliches Selbstbewusstsein und immer wieder auch die Lebensfreude rauben kann.

Die Neurodermitis hat meine Entwicklung geprägt, meine Berufsentscheidungen, meine Beziehungen und Partnerschaften. Meine Tagesabläufe, mein Seltsam- und Kompliziertsein.

Ich habe Menschen gemieden, mich verabschiedet, wenn die anderen noch feierten oder gerade erst richtig damit anfingen. Und meine Verabredungen lange im Voraus getroffen, in der Hoffnung, dass sich die Haut in der Zwischenzeit beruhigt. Was sie aber nur selten tat. Im letzten Moment habe ich den Termin häufig abgesagt, weil ich mich nicht zeigen wollte. Ich fühlte mich in meiner Haut fast mein gesamtes Leben unwohl und krank, unansehnlich und unsicher.

Sie war eine Grenze, die mich von anderen trennte und einsam machte. Weil sie mich in ein Gefängnis sperrte, mich immer wieder unter strengen »Haut-Arrest« stellte.

Bei einem Vortrag in einer Klinik sprach ein Arzt darüber, sich trotz Hautkrankheit nicht die Lebensfreude nehmen zu lassen.

»Vor allem«, appellierte er an uns Neurodermitiker, Schuppenflechtler und Allergiker im Publikum, »ziehen Sie sich nicht zurück. Mischen Sie sich unter Menschen, nehmen Sie am gesellschaftlichen Leben teil!«

Ich wurde ärgerlich. Da forderte jemand mit kerngesunder Haut – zumindest wirkte es so – Menschen, die von ihrer kranken Haut gezeichnet waren, fröhlich dazu auf, das Leben doch einfach mal locker zu nehmen.

Ratschläge mochte ich noch nie. Aber Ratschläge von jemandem, der offensichtlich keine Ahnung hatte, welche Qual und massive Einschränkung Neurodermitis bedeuten kann, waren völlig daneben. Wie soll man mit einer Haut, die man ständig abwaschen, die man liebsten herunterreißen möchte, um sich von ihr zu befreien, das Leben genießen?

Ich kenne Menschen mit Neurodermitis, die, wenn sie von der Arbeit nach Hause kommen, sich als Erstes mit der Bürste blutig kratzen oder mit fast kochendem Wasser duschen. Weil der Schmerz der kaputten Haut oder des heißen Wassers den unerträglichen Juckreiz, der sich wie tausend Mückenstiche gleichzeitig anfühlt, für eine kurze Zeit betäubt.

Wie soll man Lust auf Menschen und Gemeinschaft haben, wenn die eigene Haut wie eine dicke, heiße, trockene Erdmaske auf dem Gesicht klebt und man weder die Kraft hat, sich selbst anzuschauen, noch die Blicke anderer aushalten kann und will?

Die französischen Dermatologen Louis Brocq und Lucien Jacquet haben 1891 eine Verbindung von chronischem Ekzem mit seelischen Verarbeitungen vermutet und diese »Neurodermitis« genannt.

In den 30er Jahren des letzten Jahrhunderts wurde ein Zusammenhang zwischen Neurodermitis und Allergien hergestellt und die Bezeichnung »atopisches Ekzem« kam als neuer Fachbegriff hinzu.

Neurodermitis äußert sich durch entzündliche Hautveränderungen in Form von Ekzemen, starkem Juckreiz und roten, geschwollenen Hautpartien. Die Haut ist trocken und empfindlich, das Erscheinungsbild der Neurodermitis kann aber individuell sehr unterschiedlich sein. Warum jemand an Neurodermitis erkrankt, ist bis heute nicht exakt erforscht. Wissenschaftler haben zwar Gene identifiziert, die damit zu tun haben könnten. Doch das Erbgut alleine ist es nicht – Neurodermitis tritt auch ohne erbliche Vorbelastung auf. Sie ist daher keine Erbkrankheit, aber doch eine vererbte Neigung, an diesen Symptomen zu erkranken.

Man geht inzwischen davon aus, dass psychische Faktoren und Umwelteinflüsse den Ausbruch der Neurodermitis provozieren. Äußere Faktoren sind Allergene wie Pollen, Tierhaare, die Hausstaubmilbe oder Nahrungsbestandteile, das Klima, die Ernährung oder mechanische Reize. Die Psyche spielt wie bei allen Krankheiten eine entscheidende Rolle: Je nachdem, in welcher Verfassung man gerade ist und wie man Stress und die Belastung durch die Krankheit bewältigt, kann sich die Neurodermitis verbessern oder verschlechtern. Mehr dazu auch in Kapitel 4.

»Hast du schon mal einen richtig heftigen Sonnenbrand gehabt? Auch im Gesicht?«, war meine Standardfrage, wenn jemand tatsächlich wissen wollte, wie sich Neurodermitis anfühlt. Die meisten hatten Erfahrung mit Sonnenbränden. »Okay«, sagte ich dann, »und damit sitzt du in der Sauna und kannst nicht raus. Du bist eingesperrt in der schwülen Hitze, es wird immer heißer, deine Haut brennt und du weißt nicht, wann die Tür wieder aufgeht. Und genauso fühlt sich mein Gesicht jetzt an.«

Heute würde mich die Aufforderung des Klinikarztes nicht mehr aufregen. Im Gegenteil: Ich würde zustimmend nicken. Denn auch wenn es mir nicht gut geht, heißt das nicht, dass ich im Leid versinken muss und mein Leben komplett von der Neurodermitis abhängig mache. Wie ich es jahrelang getan habe. Arbeit, Beziehungen, Essen, Schlafen, Hobbys – alles ordnete ich ihr unter und versuchte trotzdem, leistungsfähig zu bleiben und zu funktionieren. Weil ich es wollte und auch nicht wusste, wie ich es hätte anders machen sollen.

Körper und Geist

»Wir kommen nie aus den Traurigkeiten heraus, wenn wir uns ständig den Puls fühlen«, hat Martin Luther vor 500 Jahren erkannt. Und formuliert, was Neurowissenschaftler – die Forscher, die sich mit dem Aufbau und der Funktionsweise des Nervensystems und des Gehirns beschäftigen – mit ihren Forschungen inzwischen beeindruckend beweisen können: Körper und Geist sind eine Einheit. Wir sind, was wir denken. Wir denken, was wir fühlen. Und wir fühlen, was wir denken.

Wenn ich mich ständig mit meiner Haut beschäftige, damit, wie sie mich quält und beeinträchtigt, dann werden auch alle meine Gefühle und Gedanken nur um meine Haut und die Beeinträchtigungen kreisen, die ich durch sie empfinde. Und ich mache das, was mich stört, nur noch größer und stärker.

Natürlich kann ich mich mit einer akut entzündeten Haut nicht gut fühlen. Entzündungen rauben Lebenskraft, man ist müde, friert oder hat vielleicht sogar Fieber. Man ist schlichtweg krank. Sich dann nur das zuzumuten, was man sich zumuten möchte, und ansonsten für einen Raum des Rückzugs und Schutzes zu sorgen gehört zu der Fürsorge, die das mindeste ist, was man während eines Neurodermitisschubs für sich tun kann und tun sollte.

Aber es gibt auch Phasen der Erkrankung, die die Teilnahme am Leben durchaus ermöglichen. Was allerdings einer Entscheidung bedarf. Die man gegen die Krankheit – »Ich gehe jetzt auch so, wie ich bin, raus« – oder für sie – »Ich sehe keinen anderen Weg und leide weiter« – treffen kann.

Neurodermitis ist ein Joker für all die Dinge, Termine und Aufgaben, die man sich gern ersparen möchte. Mit ihr hat man immer eine Entschuldigung. Und das ist nur einer der vielen Vorteile, die sie bietet. Vor allem Kinder beziehen Aufmerksamkeit aus ihr, als Erwachsener gönnt man sich vielleicht nur wegen der entzündeten Haut endlich Ruhe. Die man zwar schon lange braucht, sich aber nicht zugesteht. Oder andere nehmen endlich einmal Rücksicht, die man ansonsten bei ihnen vermisst. Und wenn man sich nur noch um seine Neurodermitis kümmern muss, bleibt weder Zeit noch Energie für all die anderen kleinen und großen Themen, die auch noch da sind. Aber wer wollte es einem verübeln?

Als ich mich damit auseinandergesetzt habe, welche Vorteile mir die Neurodermitis brachte, weil ich mich unangenehmen Situationen entziehen konnte, verstand ich zum ersten Mal, welchen Gewinn ich durch sie auch hatte.

Von der Neurodermitis lernen

Krankheitsgewinn ist eine gewaltige Macht. Ihn aufzugeben muss man wollen. Ich musste über Jahre enorm viel lernen, um der Neurodermitis ihre Bedeutung, die sie für meine Lebensbewältigung hatte, zu nehmen. Strategien im Umgang mit Stress zum Beispiel. Oder mehr auf mich selbst und mein Bauchgefühl zu hören. Auch wenn es dann unbequem werden und zu Konflikten kommen kann.

Ich musste lernen, mich selbst anzunehmen, zu unterstützen und wertzuschätzen. Und endlich die Form der Ernährung finden, die meiner Seele und meinem Körper gleichermaßen gut tut. Aber vor allem musste ich begreifen, dass ich – egal wie ich gerade aussehe – dazugehöre und mich Menschen zumuten darf. Was ich immer als eine ziemliche Herausforderung empfand, weil hier auch vererbte Ängste und Erfahrungen unserer Vorfahren eine Rolle spielen. In früheren Kulturen hielt man sich nämlich von Menschen mit Hautanomalien fern und grenzte sie absichtlich aus. Was für diese wie ein Todesurteil war, denn allein, fern von der Sippe, war das Überleben kaum möglich. Neben Scham hielt mich vielleicht auch diese tief im Unterbewusstsein verankerte Urangst vor Ablehnung davon ab, mich Menschen zu zeigen.

Inzwischen erfahre ich täglich, wie mein Fühlen und Denken mein Leben lenken. Und wie wichtig Freude, Dankbarkeit und innerer Frieden für meine Gesundheit und damit auch für den Zustand meiner Haut sind. Allerdings kann ich mir nicht leisten, darauf zu warten, dass mir die guten Gefühle in den Schoß fallen. Wenn ich mich wohlfühlen will, muss ich mich zuerst dafür entscheiden. Und dann etwas dafür tun.

Es sind schon die ganz kleinen Dinge, die meine positiven Gefühle zum Fließen bringen und dadurch mein Immun- und Hormonsystem stärken und im Gleichgewicht halten. Dankbarkeit zum Beispiel. Für alles Mögliche. Für das Vogelzwitschern am Morgen, die kühle Luft auf meiner Haut, den Lebensmenschen an meiner Seite, das leckere Frühstück, den Tag überhaupt. Für meine Arbeit, die ich mit meinen Ideen, meiner Kreativität und nach meinem Zeitplan gestalten darf. Freude gehört dazu, Lachen, Genießen und Entspannen. Wie auch Menschen um mich zu haben und die kostbare Zeit zu genießen, die ich mit mir allein verbringen kann.

Ich habe langsam und durch viele schmerzliche Rückschläge gelernt, dass Gesundheit und die Gewissheit, mich in meiner Haut wohlzufühlen, keine statischen Zustände sind, die ich – nach so vielen Jahren endlich erreicht – nun auch für alle Zukunft weiter haben werde. Das war immer meine Vision. Und wie gern hätte ich es gehabt, dass irgendwann einmal der letzte Schub gekommen wäre, mit dem sich die Neurodermitis dann ein für alle Mal aus meinen Leben verabschiedet. Aber so war und ist es nicht.

Es geht mir heute hautmäßig so gut wie noch nie. Aber kann ich wissen, was die Zukunft bringt? Der Gedanke an sie hat mich früher sehr beunruhigt. Heute bin ich einverstanden, dass ich keine Ahnung habe, was kommen wird. Weil ich inzwischen fest darauf vertraue, dass ich mit all den Aufgaben, die mir das Leben noch stellen wird, gut klarkommen werde.

Ich habe mittlerweile verstanden und akzeptiert, dass meine Haut immer auf Gefühle, auf Umwelteinflüsse und das reagieren wird, was in meinem Leben gerade passiert. Und darauf, wie ich mit mir umgehe. So wie ich ab und zu erkältet bin oder Kopfschmerzen habe, zu viel Kaffee trinke, in Süßigkeiten schwelge oder zu wenig zur Ruhe komme, so ist auch meine Haut mal röter oder trockener, es juckt ein Finger oder es schuppt eine Stelle am Kinn. Aber das ist nichts im Vergleich zu der Zeit, als die Neurodermitis mein Leben beherrschte.

Ich fühle mich heute gesund. Ganz in dem Sinne, wie die Weltgesundheitsorganisation (WHO) Gesundheit definiert: »Gesundheit ist ein Zustand des vollständigen körperlichen, geistigen und sozialen Wohlergehens und ist nicht nur das Fehlen von Krankheit oder Gebrechen.«

Heile Haut

45 Jahre Neurodermitis. Die Arbeit an diesem Buch hat mich noch einmal die ganze Schwere und Tragik der letzten Jahrzehnte erleben lassen. Wie viel Kraft es mich gekostet hat, die Neurodermitis immer wieder auszuhalten – und noch mehr, weil ich sie ablehnte, sie hasste und einfach immer nur »weghaben« wollte.

Mein Freund Ferdinand, Lehrer, erzählte mir von einem Schüler, der von kleinauf schwerste Neurodermitis hatte. Tapfer kämpfte er sich durch die Schulzeit, die von vielen Klinikaufenthalten unterbrochen war. Kurz vor dem Ende seines Studiums nahm er sich das Leben. Obwohl ich diesen jungen Mann nicht kannte, hat mich die Nachricht von seinem Tod erschüttert. Weil ich weiß, welch unendliche Kraft der Alltag mit Neurodermitis kostet, wie unglücklich und verzweifelt man immer wieder ist und wie ausweglos einem oft alles erscheint.

»Finden Sie sich damit ab«, sagte eine Ärztin zu mir, »dass Sie Ihr Leben lang mit Neurodermitis zu tun haben. Wenn es gut geht und Sie Ihre Haut ordentlich pflegen, dann können Sie die Symptome lindern. Das ist dann schon sehr viel. Aber eine Heilung gibt es nicht.«

Doch, die gibt es. Zumindest für mich. Ganz ohne Pflege. Oder eben gerade wegen des Verzichts auf das täglich mehrmalige Eincremen. Genau dadurch ist meine Neurodermitis zum Stillstand gekommen. Heile, gesunde und entspannte Haut ist inzwischen nicht mehr die seltene Ausnahme, sie ist mein Alltag. Aber dennoch alles andere als alltäglich.

Meine »neue« Haut erlebe ich immer noch als eine unglaubliche Erlösung, ich bin bestimmt gefühlte hundertmal am Tag erleichtert darüber, dass nichts heiß ist, nichts nässt, brennt und mein Gesicht klare Konturen hat. Weil keine Entzündungen da sind, die zu Schwellungen führen. Unzählige Male schwelge ich im Laufe des Tages in dem Glück, dass sich meine Haut nach »nichts« anfühlt, dass ich frisches Wasser auf ihr genieße, raus- und reingehe, ohne dass Temperaturunterschiede Unwohlsein und Juckreiz auslösen und mich der Blick in den Spiegel keine Überwindung mehr kostet. Im Gegenteil: Ich freue mich auf ihn!

Natürlich sind die kleinen und großen Herausforderungen meines Lebens nach wie vor da und ständig kommen neue hinzu. Auch der Umgang mit heiler Haut ist eine. Aber sie nun ohne die existenzielle Belastung der Neurodermitis angehen und meistern zu können – darüber freue ich mich immer wieder und dafür bin ich zutiefst dankbar.

Und genau darum gibt es dieses Buch. Weil ich jedem, der unter Neurodermitis leidet, Mut machen möchte, weiter nach dem eigenen Weg zu suchen und die Hoffnung nicht aufzugeben, sich eines Tages in seiner Haut und seinem Leben wieder richtig wohlzufühlen. Auch wenn es oft sehr schwer ist oder manchmal sogar unmöglich erscheint – in den Bildern und Gefühlen, die wir mit unserer Hoffnung verbinden, fließt jene geheimnisvolle und gewaltige Energie, die uns Stück für Stück unserem Ziel entgegentreibt.

So verschieden wir alle sind, so unterschiedlich und verschlungen sind auch die Wege, die dorthin führen. Manche hat der Glaube an ihren Gott gesund werden lassen. Andere schwören auf Rohkost und verzichten dabei oft auch auf Getreide. Wieder anderen tut die Ernährung mit gegarten Mahlzeiten nach der Lehre der Traditionellen Chinesischen Medizin gut – sie nehmen überwiegend warme Mahlzeiten mit gekochtem Getreide zu sich. Alle Wege funktionieren, alle haben schon dazu beigetragen, dass Menschen sich besser fühlten oder sogar geheilt wurden. Aber wohl keiner hat jedem helfen können.

Aus eigener Erfahrung weiß ich, dass die konstruktive Auseinandersetzung mit der Not der Neurodermitis und das unermüdliche Bemühen, sie zu bewältigen, immer wieder neue Perspektiven eröffnen und weiterbringen. Indem man interessante Anregungen und plausible Therapien ausprobiert, lernt man sich selbst auf eine so gründliche Weise kennen, wie es sonst wohl kaum möglich wäre.

Manches muss man vielleicht mehrmals versuchen, weil der Körper in jeder Lebensphase anders reagiert. Und auch die

Bereitschaft, sich auf einen bestimmten Weg einzulassen, ist je nach Lebenssituation und Verzweiflungsgrad größer oder geringer. Ich habe drei Anläufe ohne Cremes gebraucht, bis ich wirklich bereit war, alles auf die Karte »null Creme« zu setzen und sämtliche Cremedosen und -tuben in der Kiste auf dem Dachboden zu verstauen.

Dieser Schritt war der entscheidende zur Rettung meiner Haut. Die passende Ernährung, der liebevolle Umgang mit meinem Körper, konstruktive, gute Gedanken und wirksame Stressbewältigung gehörten und gehören aber ebenfalls dazu.

Denn Genesung ist immer ein ganzheitlicher Prozess und kann meiner Meinung nach nur gelingen, wenn auch alle Aspekte des Lebens einbezogen werden.

Meine Reise zu gesunder Haut, dem Wohlfühlen in meinem Körper und der Freude an meinem Leben war eine jahrzehntelange Suche mit Hochs und Tiefs, voller Rückschläge, Hoffnungen, Enttäuschungen und Leiden. Bis ich schließlich den versteckten, schmalen und kaum begangenen Pfad der Creme-Abstinenz entdeckte.

Von ihm und den vielen Wegen davor, die mich alle auf ihre Weise ein Stück weiter zur heilen Haut geführt haben, erzähle ich in den folgenden Kapiteln.

P.S.: Bitte wundern Sie sich nicht, wenn Sie neben der männlichen Form im Text nicht konsequent auch die weibliche finden. Dies geschieht ausschließlich wegen der einfacheren Lesbarkeit und ich bitte alle meine Leserinnen dafür um Verständnis.

Kapitel 1
Überleben. Irgendwie.

Äußere Krisen bedeuten die Chance,
sich zu besinnen.
Viktor E. Frankl

Mein Gesicht glüht. Meine Haut spannt und brennt, das linke Auge fühlt sich geschwollen an. In der rechten Wange pulsiert ein scharfer Schmerz, klebrig-feuchte Wärme kriecht den Hals hoch. Das Schlafzimmerfenster steht weit offen und ich kann den Wind in den Bäumen hören. Aber ich spüre die kühle Morgenluft nicht. Nur die schwüle Hitze in meinem Gesicht.

Liegt es am Tonerstaub? Oder am Ozon vom Drucker? Ich war gestern oft im Kopierraum. Papierstau, Toner leer, neue Tonerkassette eingelegt, auf die Ausdrucke gewartet.

Oder waren es die Tomaten in der Soße zum Mittagessen? Oder vielleicht doch die Rosinen im Salat? Ich hatte schon seit Jahren keine mehr gegessen und Trauben meide ich ja auch konsequent. Wie blöd, ausgerechnet in diesem Hautzustand Rosinen zu essen. Vielleicht sollte ich aber auch endlich auf meinen Frühstücksapfel verzichten. Die viele Fruchtsäure ...

Die rechte Wade brennt, es fühlt sich nach blutigen Kratzern an. Und wieder dieses teuflische Jucken im kleinen Finger. Ich schubbere, bis die Hautoberfläche weggerieben ist und Lymphe fließt. Ein heißer Schmerz, aber der Juckreiz ist wenigstens weg. Mein schwüler Nacken brennt auch. Ich taste ihn ab, die große verschorfte Stelle ist nicht mehr da. Ich muss sie nachts aufgekratzt haben. Die Handschuhe, die ich seit einigen Tagen wieder nachts trage, liegen irgendwo im Bett herum. Sie nützen auch nicht wirklich etwas. Im Gegenteil, mit ihnen lässt sich die Haut sogar noch besser bis aufs rohe Fleisch aufreiben.

Ich bin todmüde, mein Körper fühlt sich schwer und bleiern an. Es ist erst halb vier, ich könnte noch liegen bleiben. Aber ich habe um neun einen Termin, ich muss aufstehen. Ich brauche die Zeit, um mich körperlich und geistig darauf vorzubereiten, auch heute wieder mit dem ganzen sichtbaren und unsichtbarem Elend der Neurodermitis unter Menschen zu gehen.

Ich greife nach der Fettsalbe auf dem Nachttisch, schmiere die Haut um den Mund herum ein und quäle mich aus dem Bett. Am großen Flurspiegel schleiche ich, ohne einen Blick hineinzuwerfen, vorbei ins Bad. Das Licht bleibt aus, der Schimmer des Morgengrauens ist hell genug, um Zahnbürste und Zahnpasta zu finden. Ich will mich nicht im Spiegel sehen. Wie ich mich fühle, reicht, um zu wissen, wie ich aussehe.

Seit Monaten lebe ich nun schon wieder mit Schummerlicht und ohne Spiegel. Wie schon unzählige Mal in meinem Leben.

Jeder Spiegel ist anders. Manche sind weich, manche hart. Manche ein wenig blind. Manche scharf und unbarmherzig. Viele Menschen merken das gar nicht. Ich sehe sofort, welchen ich vertrauen kann und welche mir wohlgesonnen sind. Es sind jene, die nicht jede Röte, jeden Riss oder Kratzer und jede Schwellung gnadenlos zeigen. Spiegel können ein Lebenselixier sein. Aber sie können Lebensmut auch töten. Wenn ich überleben will, muss ich die richtigen kennen. Und selbst sie immer wieder meiden.

Ein Blick aufs Handy. Noch fast vier Stunden bis zum Termin.

Vielleicht beruhigt die Haut sich ja noch?

Vorsichtig wasche ich mein Gesicht. Das Wasser beißt in den aufgeriebenen Stellen. Ich kühle das linke Auge mit einem Waschlappen, den ich so anfasse, dass die kaputten Finger möglichst nicht mit Wasser in Berührung kommen. Es dringt trotzdem in die Verletzungen.

Duschen? Unmöglich. Wasser in den vielen Rissen und Wunden meiner kaputten Haut will ich nicht aushalten.

Als Kind steckte man mich im Urlaub auf Borkum in Badewannen mit Meersalz. Ich schrie wie am Spieß und weigerte mich, wieder in diese gruseligen Wannen zu steigen. Wie sollen Kinder auch verstehen, warum sie zu der ohnehin schon schmerzenden Haut noch die Torturen des Salzwassers erleiden sollen? »Das geht gleich vorbei«, hieß es dann immer. Stimmt, das Brennen und Beißen ging irgendwann vorbei. Die Neurodermitis nicht.

Ich creme die Haut um den Mund wieder ein. Das Spannungsgefühl lässt ein wenig nach, die Hitze im Gesicht nimmt zu. Mit gesenktem Kopf verlasse ich das Bad. Der sicherste Weg, einem zufälligen Blick in den Flurspiegel zu entkommen.

Eine Meditation auf dem Wohnzimmerteppich. Beten, dass die Haut kühler wird, dass ich sie vielleicht bis neun Uhr gar nicht mehr spüre. Dass ich heute einen leichteren Tag habe.

Dass ein Wunder passiert und ich nachher in der Sitzung nicht mehr so furchtbar aussehe. Nicht mehr so rot, so verschwollen, nicht mehr so entzündet und so fleckig.

Unsere Haut ist unser größtes und vielseitigstes Organ. Sie gibt Wärme und Flüssigkeit ab, mit ihr nehmen wir Berührungen wahr, spüren, ob es warm oder kalt ist, ob sich etwas gut, nicht gut oder schmerzhaft anfühlt.

Außerdem schützt unsere Haut unseren gesamten Körper und zieht zwischen Innen und Außen die Grenze. Was sie auch zum Kontaktorgan mit anderen Menschen werden lässt. Zärtliche Berührungen, Misshandlungen und Schmerz treffen sie zuerst.

Mit unserer Haut im Gesicht und am Körper zeigen wir uns auch anderen. Sie offenbart unsere innere Verfassung, zeigt, ob wir aufgeregt oder gestresst sind, uns freuen, uns Sorgen machen oder uns fürchten. Das hängt damit zusammen, dass die Haut und das zentrale Nervensystem den gleichen entwicklungsgeschichtlichen Ursprung haben – beide bilden sich beim Menschen aus denselben Anlagen.

In unserer Sprache nun wird sichtbar, wie sehr die Haut unsere Gefühle spiegelt. Wir erröten vor Scham oder Aufregung und erblassen, wenn wir uns erschrecken und Angst haben. Angst treibt uns den Schweiß auf die Stirn, uns schaudert am ganzen Körper und wir kriegen Gänsehaut.

Wer unempfindlich ist, hat ein »dickes Fell«, wer dagegen sensibel und feinfühlig reagiert, eine »dünne Haut«. Wir können etwas »hautnah erleben«, »aus der Haut fahren«, »unsere Haut in Falten legen«, aber auch »mit heiler Haut davonkommen«.

Und dafür müssen wir sie manchmal retten.

In der Küche zünde ich eine Kerze an. Auch hier ist Schummerland. Ich hole ein Eispad, stecke es in den Waschlappen und halte es vorsichtig gegen das dicke Auge.

Mein Blick fällt auf die Cremepackung, die mir jemand gestern, als ich gerade mal nicht am Schreibtisch war, ohne Kommentar auf meine Tastatur im Büro gelegt hat. Eine teure kosmetische Bio-Creme, »hautberuhigend«. Ich habe meine Kolleginnen im Zimmer gefragt, ob es eine von ihnen war. Sie schüttelten den Kopf. Später bin ich zu Sabine gegangen, die ebenfalls Neurodermitis hat. »Wie übergriffig ist das denn?«, empörte sie sich. »So etwas würde ich nie tun!«

Ich nickte. Aber so genau weiß ich nicht, was ich davon halten soll. Hat mich da jemand »wirklich« gesehen? Ist es mitfühlend? Nett? Oder eben doch übergriffig?

Ich lege die Creme weg. Keine Experimente heute.

Ein Apfel, eine Banane und gekochte Haferflocken. Dazu eine Kanne heißes Wasser. Kaffee trinke ich schon lange nicht mehr. Ich habe gelesen, dass er das vegetative Nervensystem reizen soll. Mein Körper und mein gesamtes System sind gereizt genug, sie brauchen keine weitere Aufregung.

Meine Kopfhaut juckt. Ich schubbere und Schuppen rieseln auf den Boden. Früher war sie nur selten betroffen und ich war heilfroh darüber – wenigstens keine Schuppen in den Haaren und auf der Kleidung. Das war einmal.

Eigentlich wollte ich heute Abend zum Friseur. Ich werde den Termin absagen. Zum dritten Mal. So wie ich aussehe, ertrage ich es nicht, im Licht vor einem Spiegel zu sitzen, mich anschauen zu lassen und meinem eigenen Anblick nicht zu entkommen.

Ich löffle die Haferflocken mit der rechten Hand, die linke hält den Waschlappen gegen das Auge. Die Risse im Gesicht brennen, der Mund schmerzt bei der kleinsten Bewegung.

Was jemand wohl denken würde, der mich hier so – bei Kerzenschein am Küchentisch, mit Waschlappen, dickem Auge und zerkratztem Gesicht – sehen könnte? Mir fällt ein, was der Bruder von Natalie, die ich vor vielen Jahren in einer Hautklinik kennenlernte, in der sie auch wegen Neurodermitis war, als Jugendlicher zu ihr gesagt hatte: »Du könntest bei Ben Hur mitspielen. Im Tal der Aussätzigen.«

In früheren Kulturen mussten Aussätzige abgesondert von der Gesellschaft leben. Vielleicht rührt daher auch noch meine diffuse Angst vor Menschen. Dass ich von ihnen wegen meines schwierigen Aussehens und meiner Haut abgelehnt werde. Ausgegrenzt. Wie ich mich ja auch fühle. Ich lebe in einem Tal, weit weg von den anderen mit der schönen, blassen, kühlen Haut und dem unbeschwerten Leben.

Beim Anziehen brennen die Beine. Ich beuge mich hinunter und sehe erst jetzt die breiten und langen Ratscher an den Waden. Als hätte ein Raubtier seine Krallen daran entlang gezogen. Aber es waren nur meine Zehen, die sich nachts hemmungslos dem Juckreiz hingegeben haben. Ich hole tief Luft und desinfiziere die Kratzer mit reinem Alkohol.

Der Alkohol wird die Haut noch mehr austrocknen, ich weiß das natürlich. Aber lieber heftiges Brennen und den Bakterien den Garaus machen, als Wunden zu haben, die sich infizieren, und den Juckreiz noch länger ertragen zu müssen.

Wenn ich als Kind das Jucken gar nicht mehr aushielt, habe ich die Luft angehalten und Omas Latschenkieferngeist auf die aufgekratzte Haut gegossen. Ich hätte schreien können. Aber ich biss die Zähne zusammen, weil ich wusste, dass der fürchterliche Schmerz bald vorüberging. Und den noch fürchterlicheren Juckreiz mitnahm.

Bei anderen achte ich immer zuerst auf die Haut. Gesunde Haut macht mich fast neidisch. Warum muss ausgerechnet ich eine Krankheit haben, die so sichtbar ist? Warum haben andere es so einfach? Warum ist es für sie so selbstverständlich, morgens aufzustehen, sich zu waschen, sich gut zu fühlen und den Tag voller Energie anzugehen? Was für ein Luxus, sich über einen, von mir aus auch zwei oder drei Pickel zu beklagen!

6.30 Uhr. Ich muss erst um 8.30 Uhr los.

Ich bin unendlich müde und möchte wieder ins Bett, einschlafen und nichts mehr spüren. Aber ich darf mich jetzt nicht mehr hinlegen, damit wenigstens das Auge ein wenig abschwillt. Das funktioniert im Liegen nicht. Der Körper muss sich bewegen oder aufrecht sein, damit das Gewebewasser abfließen kann. Ich habe schon Nächte sitzend geschlafen, damit ich morgens nicht ganz so verschwollen aussah.

Ich denke an Kathrin, die ich auch in einer Klinik kennenlernte. Sie hatte erst als Erwachsene Neurodermitis bekommen, aus heiterem Himmel und massiv im Gesicht. Wem auch immer sie auf dem Flur, im Speisesaal oder im Pflegezimmer begegnete – als Erstes zog sie ein Foto aus ihrer Hosentasche und sagte: »Hier! So sehe ich wirklich aus!«

Im Schlafzimmer stehe ich vor dem geöffneten und vollen Kleiderschrank. Was anziehen? Ich brauche Business-Look, die weißen Blusen gehen aber nicht. Der Kontrast zu meinem fleckigen Gesicht ist zu groß. In Weiß fühle ich mich mit kaputter Haut sowieso nicht wohl. Mal ganz abgesehen davon, dass der Kragen sofort blutig wird.

Rollkragen geht auch nicht. In der Enge wird der Hals noch wärmer, der Juckreiz stärker und die verschorften Stellen reiben sich auf.

Ich brauche etwas mit großem Halsausschnitt. Was aber auch schwierig ist, weil man dann den kaputten Hals so deutlich sieht.

Ich suche noch ein wenig und wähle schließlich einen dunkelblauen Blazer. Wegen der Schuppen auch nicht gerade ideal, aber dem Anlass angemessen. Dazu eine blau-karierte Bluse und meine Lieblingsjeans.

Vielleicht auch den neuen brombeerfarbenen Pulli?

Ich nehme ihn vom Stuhl. Eine wirklich tolle Farbe, perfekt zur Bluse. Aber das Material? Ich bin mir nicht sicher. Lambswool und Wolle sind zwar für viele Neurodermitiker ein Problem, für mich normalerweise aber nicht. Doch heute fühlt sich diese Wollmischung nicht gut an.

Liegt es an der Farbe? Oder an der Wolle? Eher unwahrscheinlich, ich habe den Pulli auch in Dunkelblau und vertrage ihn prima. Eine Verkäuferin erklärte mir jedoch vor einiger Zeit, dass die Hersteller hin und wieder die Zulieferer wechseln. Da könnten dann durchaus auch mal andere Materialien in den Stoffen oder Wollmischungen sein, obwohl exakt die gleiche Zusammensetzung im Etikett steht. Dieser Pulli stammt wahrscheinlich aus einer solchen Produktion. Ich hänge ihn wieder über die Stuhllehne.

Nein, keine Experimente heute.

Es macht mich fertig, so auszusehen. So entzündet und angegriffen. So unappetitlich und unattraktiv. Hässlich. Das soll nicht mein Gesicht sein, es ist eine Verzerrung, eine Maske.
Manche Menschen ignorieren, wie ich aussehe. Manche reagieren irritiert, manche wollen einfach nett sein und sprechen mich darauf an.
»Das hat Sie ja wieder ganz schön erwischt«, sagte mal ein Chef mitfühlend. Ich nickte nur und sah zu, dass ich schnell aus dem Raum kam, weil ich die Tränen kaum zurückhalten konnte. Er hatte mich an meinem wundesten Punkt erwischt.
»Aber bei dir ist es ja nicht entstellend«, fand eine Kollegin und es sollte aufmunternd klingen. Nein, ist es nicht? Ich fühle mich aber entstellt. Ich habe ständig Angst, wegen meines Aussehens und meiner Haut abgelehnt zu werden. In jedem Kontakt liegt die Gefahr, noch mehr verletzt zu werden, als ich es ohnehin schon bin.
Ich bin müde davon, mich aushalten zu müssen, dauernd zu überlegen, ob ich mich anderen zumuten kann oder ob mich jemand ansprechen wird. Ich bin körperlich müde von den Entzündungen. Ich will allein sein, niemanden sehen. Und ich will, dass mich niemand sieht.

Die Haut spannt jetzt unerträglich. Ich schmiere wieder. Es bringt eigentlich nichts, ich habe inzwischen sogar das Gefühl, dass die ständige Fettsalberei die Entzündung eher noch verschlimmert. Aber andere Cremes vertrage ich nicht und irgendetwas muss schließlich auf die Haut. Sonst macht mich ihr ewiges Spannen, Brennen und Jucken noch wahnsinnig.

7.30 Uhr. In einer Stunde muss ich raus.

Ich weiß nicht, wie ich den Tag mit den vielen Terminen überstehen soll. Aber ich habe es bisher immer irgendwie geschafft. Und noch immer ist es irgendwann Abend geworden. Ich sehne mich schon jetzt danach, endlich wieder die Tür hinter mir zuzuziehen und im Schutz meiner Schummerlicht-Wohnung alleine zu sein. Wo ich von Neuem auf ein leichteres Morgen hoffen kann.

Im Mittelpunkt der klassischen Behandlung der Neurodermitis mit schulmedizinischen Methoden steht die Therapie der Haut.

Die Pflege mehrmals am Tag soll die Barrierefunktion der Haut stabilisieren, um ihre Empfindlichkeit gegenüber Irritationen und dem Eindringen von Allergenen abzuschwächen. Dafür stehen eine Vielfalt an Salben, Cremes und Lotionen zur Verfügung, die je nach Art und Schwere der Symptome unterschiedlich angewendet werden.

Eine weitere Möglichkeit zur Rückfettung und Pflege der Haut sind medizinische Ölbäder oder Ölduschen.

Im akuten Schub werden neben der traditionellen Behandlung mit Kortisonpräparaten auch häufig warme oder kalte Umschläge mit Schwarztee, Heilerde und anderen entzündungslindernden Wirkstoffen wie Eichenrinde oder Kaliumpermanganat eingesetzt.

★ ★ ★

Du nicht!

»Du nicht«, sagte meine Lehrerin im Sportunterricht an der Grundschule und hielt mich an der Schulter zurück, als ich die Sprossenwand raufklettern wollte.

»Warum denn nicht?«, fragte ich überrascht.

Sie deutete auf meine zerkratzten und verschorften Kniekehlen. »Wir wollen doch nicht, dass da etwas einreißt.«

»Da reißt nichts ein«, sagte ich trotzig, schüttelte ihre Hand ab und kletterte die Sprossenwand hoch.

Abgesehen davon, dass die Neurodermitis oft sichtbar war, prägte sie als Kind noch nicht mein gesamtes Erleben. Und ich ließ mich von ihr auch nicht in meiner Bewegungsfreiheit einschränken. Die Haut war zeitweise schlimm, dann aber auch wieder prima. Wenn es juckte, kratzte ich, meine Mutter cremte mich mit Salben ein oder schmierte medizinischen Teer auf die akuten Stellen. Meistens waren Arme, Beine und Hals betroffen, das Gesicht nur selten. Fast immer schubberte und kratzte ich irgendwo. »Nicht kratzen«, hieß es dann, aber ich ignorierte es. Jucken und Kratzen gehörten zusammen und waren für mich etwas ganz Normales.

Dass ich von anderen Kindern wegen meiner Haut gehänselt wurde, passierte selten. Es gab mal den hilflosen Versuch meines Spielkameraden Michael, der mir, als er sauer auf mich war, mit »Pickel-Lisa!« eins auswischen wollte. Was es allerdings so gar nicht traf, weil ich nun wirklich keinen einzigen Pickel hatte. Ich habe mich gleich bei meiner Mutter über Michael beschwert. Die mir den Tipp gab, ihm beim nächsten Mal einfach eine passende Antwort zu geben.

»Und welche?«, fragte ich ratlos.

»Zum Beispiel, dass es bei ihm nicht immer wie in einer Parfümerie duftet.«

Michael machte sich nämlich manchmal in die Hose.

Ein paar Stunden später fuhren er und ich aber schon wieder in schönster Eintracht unsere Stofftiere und Puppen in seinem Bollerwagen durch die Gegend.

Zu meiner so schön zurechtgelegten Antwort kam es nie. Zum einen, weil Michael nichts mehr über meine Haut gesagt hat. Zum anderen, weil mich seine Pieselei nicht störte.

Dass mich aber die Neurodermitis zu stören begann, merkte ich zuerst bei den Pferden. Ich war eine große Pferdenärrin und quengelte so lange, bis ich Reitstunden bekam. Schon beim Striegeln juckte die Haut, im Sommer war es besonders schlimm. Nach einer Reitstunde nahm mich Miriam, die Frau des Reitlehrers, zur Seite.

»Was ist denn da passiert?«, fragte sie erschrocken und zeigte auf meinen Hals.

»Da ist ein Ast gegengekommen«, murmelte ich, brachte das Pferd in seine Box und radelte nach Hause. Erst dort sah ich, was sie gemeint hatte: Fast ein Drittel des Halses war eine offene, nässende Fläche. Ich hatte während der Reitstunde heftigen Juckreiz unter dem Kinnriemen der Reitkappe bekommen und ununterbrochen mit dem Handrücken daran gerieben. Es hatte zwar höllisch gebrannt, aber ich hatte nicht gedacht, dass es eine so große Wunde war.

Dass die Haut bei den Pferden immer juckte, sagte ich niemandem. Weil ich es nicht wahrhaben wollte. Aber vor allem, weil ich Angst hatte, dass meine Eltern mir das Reiten verbieten würden. So oft wie möglich war ich bei den Pferden und ignorierte, dass mir das Zusammensein mit ihnen und die Arbeit im Stall nicht gerade gut taten.

In Reitferien an der Ostsee freundete ich mich mit Claudia an. Kurz danach besuchte ich sie für einige Tage.

Als wir unsere Schlafsachen anzogen und ich mich eincremte, kam Claudias Mutter ins Zimmer. Entsetzt starrte sie auf meine Beine. Die waren nach zwei Wochen in Reithosen und Gummistiefeln völlig entzündet und zerkratzt.

»Das ist nicht ansteckend«, sagte ich cool, »und das geht auch wieder weg.« Ich erklärte ihr, warum meine Beine gerade aussahen, wie sie aussahen.

»Kann man denn da jetzt gar nichts machen?«, fragte Claudias Mutter besorgt, »das tut doch sicherlich weh.«

»Manchmal kommt Kortison drauf«, sagte ich achselzuckend. »Aber dafür ist das hier nicht schlimm genug.«

Einige Jahre später hörte ich mit dem Reiten auf. Ich hielt das Jucken, den Staub im Stall und die Pferdehaare nicht mehr aus. Mir dies einzugestehen war ein langer Prozess, aber der ständige Juckreiz und mein heißes, dickes Gesicht waren ein zu hoher Preis geworden. Ich war inzwischen ein Teenager.

Auch wenn meine Eltern mich stützten und mir vorlebten, dass es vor allem »auf die inneren Werte ankommt« – ich wollte, was alle 13-jährigen Mädchen wollten: gut aussehen.

Licht aus!

In der Schule, so etwa ab der siebten, achten Klasse, saß ich nach Möglichkeit immer am Lichtschalter. Damit ich sofort das Licht ausknipsen konnte, sobald es morgens dämmerte und man einigermaßen lesen konnte. Niemand verstand, warum das Licht ständig ausging. Aber ein paar Minuten länger nicht den grellen Neonröhren und Blicken der anderen ausgesetzt zu sein und mich noch ein wenig im Dämmerlicht verstecken zu können, war für mich eine kleine Erleichterung.

Auch später suchte ich mir in den Seminarräumen und Bibliotheken an der Uni den Platz, der am spärlichsten beleuchtet war. Und in meinem Büro habe ich immer sofort alle Lampen ausgeschaltet, sobald es draußen hell genug war. Je schlimmer die Haut, desto dunkler und unschärfer sollte meine Umgebung sein. Nicht immer zur Freude meiner Kolleginnen und Kollegen.

Zur echten psychischen Belastung wurde die Neurodermitis in der Pubertät. Die Zeit, in der ich mit meinem eigenen Stil experimentieren, mich gut finden und mit Freundinnen albern sein wollte, war purer Stress.

Meine langen Haare, auf die ich sehr stolz war, konnte ich oft nicht offen tragen. Sie kitzelten und lösten sofort Juckreiz aus, wenn sie ins Gesicht fielen. Aber wenn ich sie zum Pferdeschwanz band, sah man den kaputten Hals und zerkratzten Nacken noch deutlicher. Schminken ging nicht, mit den anderen ausgelassen Blödsinn machen oder einige Tage im Pfadfinderlager unterwegs sein – meine Haut dämpfte alle Unbeschwertheit.

Ich gab Nachhilfeunterricht und immer wenn ich von meinem Schüler Sven nach Hause kam, brannten meine Augen und die Haut juckte extrem. Ich brauchte lange, um einen Zusammenhang zwischen Nachhilfe und Juckreiz herzustellen, und dann konnte ich mir die Ursache nicht erklären. Bis ich bei einem Allergietest positiv auf Katzen getestet wurde. Da war klar: Das Jucken rührte von Svens Katze her, die immer um meine Beine schnurrte, wenn wir arbeiteten. Wir verlegten die Nachhilfe in die Bücherei und um Katzen machte ich von nun an einen großen Bogen.

Unter Dauerstress steigt das Risiko für Neurodermitis. Chronische Neurodermitis wiederum bedeutet oft Dauerstress und kann eine schwere Belastung sein, da sie das Selbstwertgefühl massiv beeinträchtigt.

Viele Neurodermitiker schämen sich für ihre Haut. Sie verstecken sie auch bei großer Hitze unter langen Ärmeln und Hosen und meiden alles, wo man – wie zum Beispiel im Freibad – Haut zeigt. Ein Teufelskreis, denn seelische Belastungen verstärken die Symptome, was wiederum auf die Psyche drückt.

Andersherum funktioniert es aber genauso: Eine gelassene, selbstbewusste und zufriedene Psyche wirkt sich positiv auf die Symptomatik der Neurodermitis aus. Mehr dazu in Kapitel 4 »Was ich heute tun kann«.

Ich übernachtete gar nicht und wenn doch, dann nur ungern bei Freundinnen. Und hasste Klassenfahrten.

Eine dreitägige Fahrradtour bei schönstem Sommerwetter wurde zur reinsten Tortur. Irgendetwas blühte, die Sonne knallte nur so vom Himmel. Ich hatte schrecklichen Juckreiz, fühlte mein geschwollenes Gesicht nonstop pulsieren und wünschte mir nichts mehr, als mit einem kühlen Waschlappen allein in einem dunklen Raum zu sitzen und nicht mehr weiter mitfahren zu müssen.

Ich fühlte mich unendlich einsam und isoliert. Obwohl ich dabei war, konnte ich an dem Spaß, den die anderen erlebten, nicht teilhaben. Aber ich tat so, als wäre nichts. Ich tat eigentlich immer, als wäre nichts. Und die anderen auch. Was hätte ich, was hätten sie auch tun sollen?

Ich war dabei, wenn ich unbedingt dabei sein musste. Aber sobald es eine Möglichkeit gab, mich zu entziehen, tat ich es und versteckte mich.

Auf einem Bild in meinem Fotoalbum sitze ich mit Waschlappen vor dem Gesicht im Hobbyraum im Keller in der Affenschaukel. Es war ein Nachmittag, an dem Freunde meiner Eltern, die mich seit meiner Kindheit kannten, zu Besuch kamen. Ich hatte einen extremen Schub und ein rotes, verquollenes Gesicht. Ich wollte nicht mit am Kaffeetisch sitzen. Mich verabreden – so wie ich aussah und mich fühlte – ging aber auch nicht. Also verzog ich mich mit Waschlappen und einer Schüssel essigsaurer Tonerde, die manchmal zum Abschwellen ganz gut war, in den Hobbyraum. Und bestand darauf, dass niemand herunterkam. Meine Mutter versuchte, mich umzustimmen, aber ich blieb dabei: Ich wollte niemanden sehen und mich sollte so auch niemand zu Gesicht bekommen.
Ich machte Hausaufgaben, schlich mal rauf ins Bad und war ansonsten froh, vor den Blicken der anderen in Sicherheit zu sein.
Ich weiß es deshalb noch so genau, weil mein Bruder irgendwann herunterkam und sagte, dass der Besuch gegangen sei. Und fragte, warum ich mich wieder so angestellt hätte. Keine Ahnung warum er seine Kamera dabei hatte – auf jeden Fall machte er dieses Foto mit mir und dem Waschlappen. Für ihn musste ich mit meinem merkwürdigen Verhalten einfach nur seltsam gewesen sein.

Jahre später hat mein Bruder selbst einmal eine abscheuliche Allergie im Gesicht gehabt. Und danach mein Kompliziertsein viel besser verstanden.

Retter in der Not

Wenn es ganz schlimm wurde, schmierte ich Kortison. Meine Mutter achtete darauf, dass ich die Creme nur im Notfall, wenn es gar nicht mehr anders ging, verwendete. Aus leidvoller Erfahrung mit ihrer eigenen Haut wusste sie, wie schnell Kortison abhängig machte und welche gefährlichen Nebenwirkungen es haben konnte.

> *Mein Mitschüler Andreas hatte auch chronische Neurodermitis. Aber wir sprachen nie über unsere Haut. Irgendwann in der Oberstufe kam er zu mir und sagte, dass er einige Male bei einem Heiler gewesen sei und es ihm seither viel besser gehe. Er nehme jetzt fast kein Kortison mehr, ich könne ja mal mitkommen.*
> *Wir sind zu dem Heiler in die Niederlande gefahren, haben uns in die Schlange in dessen Wohnzimmer eingereiht und liefen mehrmals an ihm vorbei. Der Heiler, ein Mann um die fünfzig, legte die Hand auf meinen Kopf, murmelte etwas und nach zehn Sekunden war ich fertig und der Nächste war an der Reihe. Das ganze dreimal. Andreas habe es geholfen, meinte er. Ich glaube, mir nicht. Denn ich bin danach nicht wieder mit ihm hingefahren.*

Ina kam in der Pause einer Orchesterprobe auf mich zu. Ich war mit dem Rad zur Musikschule gefahren, es war Frühling, alles blühte und ich saß mit knallrotem, pochendem Gesicht hinter meinem Pult. Ina und ich kannten uns nicht, aber wir erkannten gegenseitig unsere besondere Haut. Sie hatte auch Neurodermitis.

»Die neue Salbe von meinem Arzt ist einfach super«, sagte sie und zeigte mir einen Cremetopf. »Geh doch auch mal hin.«

Ihre Haut war wirklich phänomenal. Richtig gesund! Und dabei hatte es sie viel heftiger erwischt als mich. Inas Hände waren schon von »Elefantenhaut« gezeichnet, mit grauen, groben und verdickten Hautflächen. Das hatte ich zum Glück nicht. In der schubfreien Zeit erholte sich meine Haut immer prima. Außer in den Armbeugen, den Kniekehlen und am Hals. Da sah sie im Laufe der Jahre auch ohne akute Neuro strapaziert und für mein junges Alter viel zu welk aus.

Meine Mutter fuhr mit mir die weitesten Wege, wenn sie von einem guten Arzt oder einer vielversprechenden Behandlungsmethode hörte. Also fuhren wir auch zu Inas Wunderdoktor in die benachbarte Stadt. Er verschrieb eine braune Salbe, die in der Apotheke gemischt wurde und angenehm nach Teer roch. Ich mochte diesen medizinisch strengen und sauberen Geruch und schon beim ersten Schmieren wurde die Haut ruhiger. Die Salbe tat so gut und ich war von der Hautheilung dermaßen begeistert, dass es mir gar nicht schnell genug gehen konnte. Mehrmals täglich trug ich sie auf und konnte meiner Haut förmlich dabei zusehen, wie sie sich erholte. Ich war wie verwandelt, so fröhlich und unbeschwert! Während eines Schubs zog ich mich zurück, war ständig schlecht gelaunt und fauchte jeden an, weil alles zu viel wurde.

Jetzt aber fühlte ich mich nach langer Zeit endlich einmal wieder pudelwohl in meiner Haut!

Kortison ist ein Hormon, das unser Körper in der Nebennierenrinde bildet und das wir dringend brauchen, damit bei uns alles so reibungslos funktioniert, wie es soll.

Denn Kortison steuert den Stoffwechsel und dient insbesondere der Abwehr von körperfremden Einflüssen. Mit Hilfe von Kortison kann sich der Körper auch an Stress- und Belastungssituationen anpassen.

Kortison wird als künstlich hergestelltes Hormon bei Neurodermitis eingesetzt. Für viele Betroffene und Ärzte ist es im akuten Schub das Mittel der Wahl, da Kortison schnell und wirksam die Hautentzündung unterdrückt. Aber – und das ist das Problem – eben nur unterdrückt. Was meiner Meinung nach Segen und Fluch zugleich ist: Segen, weil es endlich wieder ein menschenwürdiges Leben möglich macht. Fluch, weil nach Absetzen des Kortisons die Symptome umso heftiger wiederkommen und man in einen Teufelskreis geraten kann. Um sich wieder besser zu fühlen, schmiert man erneut Kortison, muss aber eine höhere Prozentstufe nehmen, um die gleiche Wirkung zu erzielen. Setzt man es ab, kommen die Symptome umso schneller wieder.

Kortison kann außerdem schwere Nebenwirkungen haben. Eine ist die sogenannte »Pergamenthaut«. Die Haut wird dünn, erscheint fast durchsichtig und ist anfällig für Verletzungen. Bereits ein leichter Stoß, Reiben oder das Abreißen eines Pflasters kann dazu führen, dass Wunden entstehen, die dann nur sehr schwer und extrem langsam verheilen.

Das Leben in der Schule und zuhause war auch gleich viel leichter und entspannter. Ich fand mich richtig ansehnlich, sogar hübsch, machte lustige Fotoserien, schmiedete Pläne für die nächsten Ferien und verabredete mich wieder mit Freundinnen.

Die Haut war keine Grenze mehr, über die ich mühsam drüberklettern musste, um dabei zu sein und schöne Sachen zu erleben. Mit meiner symptomfreien Haut waren sie zum Greifen nah und es fühlte sich manchmal fast unwirklich an, dass die Haut mich nicht daran hinderte, zuzugreifen.

Als der Cremetopf fast leer war, gingen wir zur Apotheke, um die Salbe neu mischen zu lassen.

»Dafür brauchen Sie ein Rezept«, sagte die Apothekerin, »da ist Kortison drin.«

»Das kann nicht sein«, entgegnete meine Mutter perplex, nahm den Topf in die Hand und schaute auf das Etikett, »es steht nirgends etwas von Kortison.«

»Stimmt«, sagte die Apothekerin und nickte, »es ist nicht extra erwähnt. Aber eine der Salben, die für die Mixtur verwendet wurde, enthält Kortison.«

Ich hatte also mindestens vier Wochen lang täglich Kortison wie eine Pflegecreme benutzt. Zum Absetzen über diesen langen Zeitraum hätte ich es langsam ausschleichen müssen. Aber da von der Salbe sowieso kaum noch etwas übrig war und ich auf keinen Fall eine neue wollte, hatte sich dieses Thema von selbst erledigt.

Die Folge war, dass ich einen Megaschub, eine sogenannte »Entzugsdermatitis«, bekam. Und mich eine Woche weigerte, in die Schule zu gehen.

★★★

Im Labyrinth der Nahrungsmittel

Als ich Kind war, war das Wissen über den Zusammenhang zwischen Neurodermitis und Ernährung zwar schon vorhanden, aber noch nicht weit verbreitet.

In aller Unschuld habe ich frisch gepressten Orangensaft getrunken, Mandarinen, Grapefruits und Omas saftigen Zitronenkuchen gegessen. Noch lieber aber ihren Nusskuchen mit den Haselnüssen aus dem eigenen Garten. Die wir abends auch liebend gern auf dem Sofa beim Fernsehen knabberten.

Mit Opas Saft aus den Trauben des Garagendachs habe ich leckere Schorlen gemixt, Stachel- und Johannisbeeren in Weiß, Rot und Schwarz vom Strauch gepflückt und kiloweise Kiwis gelöffelt, die Opa an der Garagenwand züchtete. Und von denen er in manchen Jahren zu unser aller Erstaunen eimerweise erntete.

Dass meine Haut nach diesen Früchten, Lebensmitteln und Getränken mehr juckte, röter war oder sich unangenehmer anfühlte, habe ich nicht bemerkt. Sie juckte ja ständig und ich hatte immer irgendwo eine aufgeriebene Stelle. Erst als Jugendliche brachte mich eine Heilpraktikerin darauf, dass Orangensaft und Zitrusfrüchte bei Neurodermitis keine gute Wahl sind. Dass die Haut nach Sauerkraut rot wurde und fürchterlich juckte, bemerkte ich dann irgendwann selbst, als ich mehr auf meine Ernährung zu achten begann.

Ich fing an, Dinge zu meiden. Aß auf Feten keine Chips mehr – wegen des Paprikagewürzes – und mied Alkohol. Weil ich am nächsten Morgen nicht noch verquollener aussehen und mich nicht noch schlechter fühlen wollte als ohnehin schon. Bemerkungen wie »na, wieder durchgemacht?« hörte ich sowieso oft genug. Aber ich hatte nicht gefeiert, ich hatte einfach nur Neurodermitis.

Meine Ernährung hat sich um Laufe der Jahre immer wieder gewandelt. Vieles esse und trinke ich seit Jahren nicht, weil ich weiß, dass mir bestimmte Lebensmittel und Substanzen – wie Alkohol, Zitronensäure, Zimt und andere scharfe Gewürze – nicht gut tun.

Vor einigen Jahren habe ich wochenlang auf Zucker und Kaffee verzichtet und mich so histaminarm wie möglich ernährt. Da sich keine Besserung einstellte, verdächtigte ich nach und nach fast jedes Nahrungsmittel und aß schließlich nur noch Reis und Kartoffeln. Als auch sie als »Täter« in Betracht kamen, habe ich mit Kinesiologie experimentiert. Und irgendwann sogar ausgependelt, ob ich das, was ich gern essen wollte, auch vertrug.

Was für ein Wirrwarr! Was gestern nach links pendelte, pendelte heute nach rechts oder das Pendel sagte »weiß nicht«, indem es sich gar nicht erst auf eine Richtung festlegte. Auch der kinesiologische Arm-Test brachte jeden Tag ein anderes Ergebnis.

Konnte das sein? Ich gab diese Art der Lebensmitteltestung auf, aß nur noch gekochtes Gemüse und versuchte erneut, Zucker zu meiden. Da mich die Haut aber so frustrierte und alles anstrengend war, griff ich immer wieder zum süßen Trost.

Schon wieder Schokolade gegessen! Dabei weiß ich doch, dass sie jetzt nicht gut ist. Der Histamingehalt im Kakao, der Zucker, die ganzen anderen Inhaltsstoffe ... So sehr ich Süßes gerade brauche – das miese Gefühl, mir damit selbst geschadet zu haben, macht den Genuss sofort wieder kaputt.

Die Kinesiologie ist eine Art Allergietest. Mit Muskeltests sollen Blockaden im Körper beziehungsweise in der Psyche und deren Ursachen aufgespürt werden.

Die Kinesiologie beruht auf der Vorstellung der Traditionellen Chinesischen Medizin, dass der Körper aus zahlreichen Meridianen besteht. Diese Meridiane sind Energiebahnen, die das Leben des Menschen und dessen Wohlbefinden beeinflussen. Die Traditionelle Chinesische Medizin, kurz TCM, nutzt diese Energiebahnen, um damit einzelne Bereiche des Körpers anzusprechen und diese wieder zu heilen. Vor allem die Akupunktur arbeitet mit dieser Variante.

Die Kinesiologie geht davon aus, dass Störungen im Energiefluss des Körpers zu Veränderungen in der Muskelspannung führen. Derartige Veränderungen sollen durch Allergene ausgelöst werden können. Bei einem kinesiologischen Test hält der Neurodermitis-Patient einen Arm hoch, in der anderen Hand hält er ein mögliches Allergen. Nun drückt der Therapeut auf den hochgehaltenen Arm. Lässt die Muskelspannung deutlich nach, wird der Stoff als verdächtig und als mögliches Allergen eingestuft.

Meiner Meinung nach gehört die Kinesiologie in die Hände erfahrener Therapeuten. Denn häufig stimmen die Ergebnisse nicht mit denen der herkömmlichen Allergietests überein. Werden dadurch Allergene übersehen, kann das sehr gefährlich werden: Im Vertrauen darauf, Nahrungsmittel zu vertragen, isst man eine große Menge davon. Was im schlimmsten Fall zum allergischen Schock führt.

Haut-Tagebuch

17. November
Gesicht total entzündet, heiß und gespannt. Kinesiologischen Test gemacht.

18. November
Haut super heiß und rot. Keine Feigen, keine Paranüsse, kein Hafer, Juckreiz am Hals. Kaffee mit Schokolade. Haut am Nachmittag leicht besser, später wieder mehr Hitze.

20. November
Lebensmittel ausgependelt. Im Wesentlichen kinesiologische Ergebnisse bestätigt. Haut weiterhin entzündet, etwas schlechter als gestern. Käse gegessen. Haut extrem rot, verschwollen, warm. Liegt es am Käse?

21. November
Haut deutlich entzündet. Kein Kaffee, keine Schokolade. Wieder nässende Stelle am Kinn. Haut erholt sich nachmittags etwas, wird weicher. Röte nicht mehr so auffallend, kaum Hitzegefühl und Juckreiz. Gejoggt, Haut danach gut! Abends: Hals erholt sich, linke Seite noch sehr rau und verletzt, Nacken besser. Rücken: Kein Juckreiz, Haut scheint dort besser zu werden.

22. November
Nachts viel gekratzt – wovon eigentlich? Haut schien abends doch besser zu werden. Schafskäse zum Frühstück. Ging beim Pendeln gut. Kein Kaffee, dafür leider viel zu viel Schokolade. Mittags wieder nässende Stelle am Kinn. Hals völlig kaputt. Dauerdusche ohne Cremen. Haut nachmittags sehr rot, extreme Spannung und Hitze. Petroleum und Sulfur.

23. November
Sehr schlecht geschlafen. Nachts heftiger Juckreiz, nässende verkrustete Stellen am Hals und am Dekolletee morgens, Hals sehr schlimm, KEINE Schokolade, kein Kakao heute, Kohl, Fisch, Salat, Kartoffeln. Am Nachmittag grüner Tee und Reiswaffeln. Gesicht warm, aber keine Hitze. Haut sehr schuppig, auch auf der Stirn. Fühlt sich nachmittags aber insgesamt besser an. Hals ebenfalls. Dafür mehr schwierige Stellen an den Fingern. Petroleum, Sulfur und drei Zinktabletten. Vitamin B.

26. November
Nachts wieder Juckreiz, morgens am Kinn offene Stellen. Insgesamt fühlt sich die Haut beim Waschen – besonders um die Augen herum – aber besser an. Nacken wieder »trocken«. Hals ebenfalls viel ruhiger. Am Dekolletee total trockene und ständig juckende Stellen.

3. Dezember
Wieder Schokolade gegessen. Blöd. Ging aber nicht anders. Haut sehr unruhig.

4. Dezember
Keine Schokolade, kein Kaffee. Viel Hirse. Haut trotzdem extrem unruhig. Überhaupt keine Süßigkeiten, nur Kaugummi. Liegt es vielleicht auch daran? Reiswaffeln mit Reissirup.

7. Dezember
Haut besser, nachmittags sogar mal »fast« normal gefühlt, weil kaum Hitze im Gesicht war. Hals aber sehr angegriffen. Aufgesprungene und geschwollene Finger, jucken wahnsinnig.

Abends Weißmehlbaguette mit Frischkäse gegessen. Hoffentlich geht das gut.

9. Dezember
Verschwollen aufgewacht, kein gutes Gefühl. Der Frischkäse? Nässende Stellen am Kinn, Juckreiz. Reismilch, Agavensirup, Sahne. Nochmals nässende Stellen ab Nachmittag. Fisch gegessen. Dekolletee völlig entzündet. Seit 3. Dezember konsequent keine Schokolade, keinen Kuchen.

10. Dezember
Wieder total verschwollen aufgewacht, das verquollene Gefühl den ganzen Tag mitgenommen. Nachmittags Arnika. Nach Schlaf war Schwellungsgefühl weg, fühlte mich besser. Hals auch besser. Abends Kürbis-Kartoffel-Püree.

11. Dezember
Finger fast verheilt, lassen sich sogar wieder ohne Einreißen biegen. Stellen am Schlüsselbein auch besser. Ohne viel Schwellung aufgewacht, keinen Juckreiz gehabt. Haut sieht besser aus, ist aber rot und schuppig. Dekolletee scheint sich – nach wiederholtem Duschen – zu beruhigen. Rücken sehr trocken, aber ruhig. Hals und Nacken auch. Cashewnüsse im Müsli, abends Sojajoghurt.

12. Dezember
Leicht brennendes Dekolletee, möglichst sanft geschubbert, fühlt sich aber besser an. Haut um die Augen und den Mund eine einzige Schuppenfläche. Versuche, nicht jedem Cremeimpuls nachzugeben. So gut wie unmöglich, ich will ständig Creme. Seit zwei Tagen kein Brot. Dafür Waffeln und Hirse.

21. Dezember
Der Mund brennt dauernd. Zwei Rippen weiße vegane Schokolade. Ich brauche süß! Neue Creme aus der Apotheke geholt. Hat sofort extrem gebrannt und gespannt.

22. Dezember
Nachdem die letzten Tage ein wenig besser waren, wieder starke Verschlechterung, besonders um den Mund. Die Haut ist rot und brennt extrem. Butter und Ei gegessen, aber immerhin keine Süßigkeiten.

23. Dezember
Haut alarmbereit, warm und leicht geschwollen. Zum Frühstück drei Teelöffel Buchweizenhonig. Mundregion total entzündet. Mittags Pizza beim Italiener, ohne Käse und Tomaten. Nachmittags Elisenlebkuchen und Schokoherz. Danach mehr Hitze im Gesicht. War Joggen. Dann zwar besseres Körpergefühl, aber die Haut brannte lichterloh. Der entzündete Mund macht mich allmählich wahnsinnig!

24. Dezember
Wieder ein Weihnachtsfest in glühender Haut. Ich bin müde, habe keine Lust auf einen heißen, angespannten Heiligabend und Feiertage im »Haut-Arrest«. Aus lauter Frust heute schon viel zu viele Kekse und Stollen gegessen. Wie soll es dann aber auch besser werden?

★ ★ ★

Keine ruhige Minute

In der Schulzeit war die Neurodermitis zwar meine ständige Begleiterin, aber ich hatte auch schubfreie Phasen. Wie in jenen herrlichen Sommerferien in Griechenland, als ich die Neurodermitis komplett vergaß, weil sie gar nicht da war.

Das änderte sich mit Beginn des Studiums. Ich wollte Journalistin werden, war gerade nach Köln gezogen und wohnte weit draußen auf der anderen Rheinseite zur Untermiete bei einer alten Dame.

Der muffig-süßliche Wohnungsgeruch war mir schon bei der Zimmerbesichtigung auf Magen und Stimmung geschlagen und ich hätte dieses Unwohlwein ernst nehmen sollen. Aber ich ignorierte die Signale meines Körpers und meiner Seele, sie störten mich nur in meiner gewohnten Weise zu denken und zu handeln: vernünftig und konsequent. Ich wollte studieren, das Semester begann und Zeit zur weiteren Zimmersuche hatte ich nicht. Also nahm ich das Zimmer. Und es sollte ja sowieso nur eine Übergangslösung sein, solange bis ich eine nette WG in der Stadt gefunden hatte.

Mit meinem Einzug bei Frau Dr. Gnauserich begann ein Neurodermitisschub, der vier Jahre anhielt und nur für einige Wochen von zwei Klinikaufenthalten unterbrochen wurde.

... und trotzdem

Die neue Welt der Universität, das Leben in Köln und ständiges Umziehen mit einer völlig entzündeten, nie zur Ruhe kommenden Haut forderten mich mehr, als ich es mir eingestand und meine Kräfte es zuließen. Dazu noch ein Job beim WDR und einen in einer Parfümerie. Allerdings nicht unten im Laden, sondern oben im Lager. Klar, mit meiner Haut gehörte ich nicht in die perfekte Hochglanzwelt von Schönheit und Ästhetik. Ich hätte die Kundinnen nur irritiert.

Dennoch waren die Kolleginnen – alles top gepflegte, gut aussehende und perfekt geschminkte Frauen – sehr nett und zu meiner Überraschung voller Verständnis und Hilfsbereitschaft. Es verging kaum ein Tag, an dem ich nicht eine Empfehlung oder Information bekam. Von einer Bekannten habe man gehört, dass diese Creme von der Luxusfirma xyz wahnsinnig toll sei – auch bei Neurodermitis. Einmal aufgetragen und das Ekzem sei verschwunden. Wirklich!

Ich wurde mit Pröbchen und Ratschlägen versorgt. Und habe einmal tatsächlich aus einer Mischung von völliger Verzweiflung und extremer Hoffnung – weil das Produktversprechen auf der Verpackung genauso grandios war wie die Lobeshymne der Parfümeriemitarbeiterin – mein Gesicht komplett eingeschmiert. Am nächsten Tag war ich so verschwollen, rot und fleckig, dass ich nicht vor die Tür wollte.

Aber ich überwand mich und ging raus. Zur Uni. Zu den Jobs. Auch später in meiner Berufstätigkeit. Nur wenn ich ein so heftig entzündetes Gesicht mit offenen Stellen hatte und mich die Entzündungsprozesse auch körperlich außer Gefecht setzten, blieb ich zuhause. Ansonsten bin ich immer zur Arbeit gegangen und hatte sogar eine erhöhte Leistungsfähigkeit, weil ich zu allen Anforderungen im Job meine Haut mitmanagte.

»Was, du hast auch Neurodermitis?«, sagte einmal eine Kollegin erstaunt zu mir, als sie mich nach symptomfreierer Phase zum ersten Mal mit Neurogesicht sah. »Eine Bekannte von mir hat das auch. Die ist aber ständig krankgeschrieben.«

Eine Klinik kam für mich zu Beginn meines Studiums nicht in Frage. Ich wollte mir und allen beweisen, dass ich mein

Leben mit Uni und Jobs auf die Reihe kriegte. Auch wenn jeder Tag eine einzige Überwindung war und ich mich von Minute zu Minute seinem Ende entgegenquälte.

Es war drinnen zu heiß oder zu kalt. Es war zu stickig oder es roch zu intensiv. Jede Umgebung, ob Auto, Zimmer oder Natur, fühlte sich feindlich an. Mein Gesicht glühte vor Hitze, besonders, wenn ich aus der kühlen Winterluft in geschlossene Räume kam. Ich wollte immer sofort die Fenster aufreißen oder am besten gleich wieder raus an die Luft. Meine entzündete Haut schaffte den Ausgleich einfach nicht, in ihr staute sich die Hitze, sie glühte nonstop.

Im Sommer vertrug ich die Wärme nicht, die Helligkeit lähmte mich. Sommer hieß, dass alle ihre Haut zeigten und das Leben draußen genossen. Ich nicht. Ich war von Badesee, Picknick, Kleidern und Radtour ausgeschlossen. Verregnete Sommertage waren mir die liebsten, da merkte ich es nicht so.

An einem Weihnachtsfest, als die Hitze langsam ins Gesicht kroch, wurde der Tannenbaum zum Sündenbock. Ich war eingeladen und hatte mich sehr auf diesen Abend gefreut.

Panisch riss ich das Fenster auf und zog Handschuhe an, um den Baum zu schmücken. Der Juckreiz an den Händen und das heiße Gesicht mussten vom Harz der Zweige und dem Tannengeruch kommen. Ich hätte jemanden bitten können, das Schmücken zu übernehmen. Aber ich wollte einmal nicht empfindlich sein, einmal nicht den vereinbarten Ablauf durcheinander bringen, weil bei mir wieder etwas schwierig war. Doch das funktionierte nicht. Irgendetwas war immer verdächtig, meiner Haut zu schaden. Der Stoff der Bettwäsche, das Waschmittel, die Luft, die Kerze mit dem Duft-Aroma. Die Katze im Haus oder der gerade gestrichene Holzfußboden im Gästezimmer, der noch nach frischem Lack roch.

Wer selbst mit Neurodermitis zu tun hat, kennt vielleicht die nett gemeinten Empfehlungen und Ratschläge, mit denen man immer wieder bedacht wird.

Sogar in der U-Bahn wurde ich angesprochen, ob ich nicht Stutenmilch, Nerzcreme oder Eigenurin ausprobieren möchte – die Nichte wurde damit komplett geheilt. Oder es wird einem eine Boulevardzeitung mit einem Bericht von einer Wunderheilung unter die Nase gehalten.

Je nach Verfassung habe ich solche Begegnungen als übergriffig empfunden und mich reserviert verhalten. Manchmal jedoch, wenn meine Verzweiflung groß war, habe ich es auch als Wink des Schicksals gesehen, dem Hinweis nachzugehen. Wenn mir allerdings jemand, der das Thema Neurodermitis oder auch eine andere chronische Erkrankung aus eigener Erfahrung kannte, einen Tipp oder eine Empfehlung gab, war meine Offenheit natürlich viel größer.

Im Licht

Im Rahmen eines Studentenjobs beim WDR hatte ich Dienst für eine aktuelle Sendung. Es war eine extrem anstrengende

Haut-Woche gewesen, aber an diesem Tag fühlte ich mich besser. Und fand im Halbdunkeln im Badezimmerspiegel – Licht vermied ich noch, aber den Blick in den Spiegel wollte ich doch einmal kurz riskieren, weil ich mich so gut fühlte –, dass ich schon wieder richtig gut aussah.

Bei der Sendung sollte die Moderatorin einen Kinofilm ankündigen und dafür wurden zwei Kinosessel als Kulisse ins Studio geschoben.

»Iris und Bernd, könnt ihr euch da mal reinsetzen und Publikum spielen? Sieht besser aus, wenn die nicht leer sind«, sagte der Regisseur bei der Probe. Na klar, nichts leichter als das. Und wie wunderbar, dass es ausgerechnet heute war! Wo ich doch so erholt aussah und die Lebensgeister gerade wieder erwachten.

Vorher sollten wir noch in die Maske, beim Fernsehen geht nichts ohne Schminke. Ich war zwar skeptisch, weil ich mich nie schminkte und meine Haut trotz der Verbesserung noch sehr empfindlich war. Aber einmal ... und dann heute, wo sie so prima aussah ... das würde bestimmt gehen.

Ich ging also mit meinem Studentenkollegen Bernd zur Maske, machte die Tür auf und hörte – während mir gleißend helles Licht aus dem Raum entgegenstrahlte – jemanden schreien: »Oh mein Gott! Da gehe ich nicht ran!«

Wer schrie da? Und wen meinte er? Ich riskierte einen Blick in den Spiegel neben der Tür und zuckte zusammen: Ein feuerrotes, entzündetes Gesicht mit weißen Flecken schaute mir entgegen, schuppig und mit unzähligen verschorften Kratzern. Im kalten Licht des Maskenraums offenbarte sich das ganze Ausmaß der letzten Monate, das ich nicht hatte wahrhaben wollen. Und wovor mich meine Strategie, wenn überhaupt nur kleinste Ausschnitte meines Gesichts bei Schummerlicht im Spiegel anzuschauen, bewahrt hatte.

Die Moderatorin, die gerade auch gepudert wurde, stand auf.

»Das ist wohl wirklich keine so gute Idee«, meinte sie freundlich, weil ich wie vom Donner gerührt dagestanden haben muss. »Von der dicken Schminke, die hier benutzt wird, kriege ich auch immer Pickel. Und das, obwohl meine Haut normalerweise völlig unempfindlich ist.«

Ich glaube, dass der Maskenbildner, der so entsetzt geschrien hatte, komplett überfordert damit war, eine dermaßen irritierte Haut schminken zu sollen. Und dafür auch noch die Verantwortung übernehmen zu müssen. Wofür ich völliges Verständnis habe. Für mich aber bedeutete dieses Erlebnis einen Cut in meiner Lebensplanung: Es war der Anfang vom Ende meines Traums, Journalistin zu werden.

Gemessen an der jahrzehntelangen Dauer meiner Erkrankung hat eigentlich nur selten jemand, der mir nicht nahstand, eine Bemerkung über mein Aussehen gemacht. Wie die Lehrerin in der Oberstufe, die mich nach sechs Wochen Klinik mit den Worten empfing: »Ich dachte, Sie waren zur Kur!»

Und ein Gastwirt, bei dem ich als Studentin kellnerte. Als ich zum Gläserspülen am Tresen Handschuhe anzog, um meine angegriffenen Hände zu schützen, sagte er: «Das geht gar nicht. Die Gäste denken ja, du hast etwas Ansteckendes.»

Den Job war ich los.

Meistens waren es aber mitfühlende, wohlwollende und auch witzige Kommentare. Wie der meines Freundes Paul, über den ich noch heute lache, wenn ich an die Situation denke. Wir saßen zusammen in einem Workshop, in dem es um die Organisation von Messen ging.

»Wenn Ausstellungstücke nicht zu beschädigt und zerkratzt sind«, referierte der Dozent, »kann man sie später noch zum Messepreis verkaufen.«

Paul, der neben mir saß, gluckste.

»Was ist?«, fragte ich leise.

»Nichts«, flüsterte Paul und gluckste weiter.

»Los, sag schon«, drängte ich.

»Ach«, grinste Paul und legte seine Hand väterlich auf meinen Arm, »dich könnte man nicht mehr verkaufen.«

> *Ich fand immer erstaunlich, dass ich gerade dann, wenn ich mich frischer fühlte und die Hitze im Gesicht nicht so lähmte, Bemerkungen hörte wie: »Mensch, das ist aber wieder schlimm« oder »Sie könnten aber auch mal wieder Erholung vertragen« - womit mich eine Teilnehmerin während eines Stress-management-Seminars verblüffte. Wenn die Haut aber vibrierte, ich die ersten Schwellungen entdeckte und das Gesicht immer heißer und röter wurde, hieß es: »Man sieht doch gar nichts.«*

Ich habe natürlich immer viel mehr an mir wahrgenommen als andere. Und auch anderen die Neurodermitis angesehen, während jemandem, der das Symptom kaum kennt, überhaupt nichts aufgefallen ist. Neben den sichtbaren Zeichen in der Physiognomie – blasser oder rötlich trockener Haut, vertieften Hautlinien an den Händen, der doppelten Lidfalte unter den Augen – nehme ich Neurodermitiker vor allem über ihre Ausstrahlung wahr, die auch ohne Schub anders ist als die von Menschen, die diese Hautbesonderheit nicht haben. Es ist eine spezielle Mischung aus Distanz, Sensibilität und Stärke.

Die ganze Tragweite

Als freie Mitarbeiterin und Praktikantin machte ich schon während meines Studiums Interviews für Radiosender und Zeitungen, schrieb Artikel und Reportagen. Ständig stand ich Menschen mit einer Armlänge Distanz gegenüber, zwischen uns nur das Mikro.

Dass man mir so direkt in mein entzündetes Gesicht sah, machte mir - bei allem Selbstbewusstsein, mit dem ich meine Termine absolvierte - zunehmend mehr aus. Ich hoffte täglich auf die Heilung meiner Haut. Aber was, wenn die, wenn ich nie wieder gesund würde?

Mit jedem Interview, das ich mit meinem Neuro-Gesicht machte, verabschiedete ich mich ein Stück mehr von meiner Gewissheit, Journalistin zu werden. Bis ich dieses Ziel kurz vor dem Examen ganz aufgab. Und plötzlich mit nichts mehr als einem Studienabschluss in der Hand in eine leere Zukunft schaute. Was sollte ich jetzt tun? Was »werden«? Ich hatte keinen Plan B, ich hatte immer alles auf die Karte Journalismus gesetzt.

Nicht nur, dass mir die Neurodermitis die Lebensqualität und Freude raubte – sie verhinderte nun sogar, dass ich meinen Traumberuf ergriff und eine berufliche Perspektive hatte.

Die ganze Tragweite, die meine kaputte Haut für mein Leben hatte, ist mir erst im Nachhinein so richtig bewusst geworden. Aber auch, welche riesige Chance darin lag, beruflich etwas für mich noch viel Passenderes als den Journalismus zu entdecken.

Theo, ein Freund der Familie und leidenschaftlicher Eisenbahner, beschwor mich in den letzten drei Jahren vor dem Abi: »Mädchen, geh zur Bahn!«

Jetzt allmählich verstand ich, was er gemeint hatte. Dass ein ruhiger, unaufgeregter Beruf für meine Haut vielleicht keine so schlechte Idee wäre. Aber Bahn? Ich? Das ging ja gar nicht! Ich wollte einen lebendigen, interessanten Job! Wobei ich keine Ahnung hatte, was man bei der Bahn alles machen konnte, ich hatte mich ja nie mit den Berufsmöglichkeiten dort oder mit denen anderer Branchen beschäftigt.

Meinen Traumjob habe ich dann später doch noch gefunden. In der Verlagswelt, wo ich viele Jahre als Pressereferentin gearbeitet habe. Auch hier war ich ständig mit Menschen zusammen, traf Journalisten, Autoren, Buchhändler und Kollegen, war auf Messen und Veranstaltungen. Es war jeden Tag kreativ, interessant, spannend und herausfordernd. Es war genau mein Metier und ich liebte diese Arbeit.

Ging es mir gut, genoss ich es, die komplexe Pressearbeit rund um die Autoren und ihre Bücher gestalten zu können.

Wenn es mir aber nicht gut ging, wurde jeder Kontakt zur Überwindung. Doch ich hätte mir arbeitsmäßig überhaupt nichts anderes vorstellen können. Bis meine Haut mich auch hier an meine Grenzen brachte und ich meine berufliche Zukunft neu denken musste. Schmerzhaft. Aber richtig.

Heute arbeite ich als Coach, Trainerin und Autorin. All meine beruflichen Erfahrungen, meine erworbenen Fähigkeiten und persönlichen Entwicklungsprozesse fließen in diese Tätigkeit ein. Besser hätte es nicht kommen können und mein Motto »Wer weiß, wofür es gut ist« hat sich wieder einmal beindruckend bestätigt.

Und übrigens: Wenn Theo mich später sah und es mir hautmäßig gerade nicht gut ging, seufzte er immer und sagte:

»Wärst du mal zur Bahn gegangen.« Ein Satz, der in unserer Familie als geflügeltes Wort Karriere machte und immer noch für Heiterkeit sorgt. Wenn Theo dabei ist, lacht er mit.

★ ★ ★

Verzweiflung, Trost und Hoffnung

Am Tag des Maskenerlebnisses im WDR dachte ich noch, dass die Haut nun einen Turnaround machen und endlich wieder ruhiger werden würde. Eine leichte Verbesserung war tatsächlich auch da. Aber es war nur die Ruhe vor einem noch größeren Sturm. Die folgenden Wochen waren von heißer, nässender, brennender und geschwollener Haut bestimmt.

Es gab keine Freude, keine Freiheit, keine Leichtigkeit. Ich fiel abends erschöpft und verzweifelt ins Bett und wachte morgens genauso ausgelaugt und hoffnungslos auf. Ich dachte jeden Tag, dass es nun nicht schlimmer werden konnte, dass ich am Tiefpunkt, den ich kaum noch aushalten konnte, angekommen war. Aber wenn ich mich gerade ganz unten für das »Überleben, irgendwie« eingerichtet hatte, rutschte ich weiter in die Tiefe. Es war wie ein nie endendes Fallen in einen Kellerschacht ohne Boden. Würde es mein Leben lang so weitergehen? Gehörte die Neurodermitis so sehr zu mir, dass sie für immer in diesem quälenden Ausmaß da sein würde?

Ich haderte mit dem Gott, zu dem ich seit meiner Kindheit eine Beziehung hatte. Gab es ihn überhaupt, wenn er mich so leiden ließ? Warum hatte er mir eine so grässliche Krankheit gegeben? Und dazu noch eine so sichtbare? Wie gern hätte ich sie bei ihm gegen eine andere eingetauscht, die von mir aus genauso quälte, die man aber nicht so sah!

Ich wusste natürlich, dass solche Gedanken völlig absurd waren. Aber ich war so unglücklich. Und so wütend! So sehr, dass ich diesen Gott, dem ich anscheinend völlig egal war, beschimpfte und nichts mehr mit ihm zu tun haben wollte.

Wenn es aber ganz dunkel in mir wurde, so düster, dass ich um mein Leben Angst hatte, dann fand ich doch immer wieder zu ihm.

Ich las in der Bibel und entdeckte die Geschichte von Hiob neu. Mich beeindruckte dieser Mann, der die Kraft hatte, trotz der schweren Prüfungen, die Gott ihm auferlegt hatte, seinen Glauben nicht zu verlieren. Das wollte ich auch. Die Neurodermitis als Aufgabe verstehen, die ich mit Gottes Hilfe lösen konnte und irgendwann einmal würde sie Vergangenheit sein.

Oft habe ich in solchen Nächten auch die Geschichte von der Heilung des Aussätzigen gelesen, die ich mir extra mit einem Post-it markiert hatte. Als Aussatz wurden im Altertum neben Lepra auch Hautkrankheiten wie Ekzeme, Akne oder Vitilo, die »Weißfleckenkrankheit«, bezeichnet. Wer darunter litt, den ereilte der soziale Tod, das heißt, er wurde aus seinem Dorf und dem Familienverband verstoßen. Häufig mit religiösen Begründungen: der Aussätzige sei von Gott verflucht und seine Krankheit sei die Strafe für seine Sünden.

In der Bibelgeschichte nun kommt ein von seiner Hautkrankheit gezeichneter Mann zu Jesus, wirft alle Urteile, die die Menschen über ihn gefällt haben und er selbst über sich vielleicht auch, weg, und bittet Jesus mit der ganzen Kraft seines Glaubens: »Herr, wenn du willst, kannst du mich reinigen.« Jesus streckt die Hand aus und sagt: »Ich will's tun, sei rein!« Und »sogleich wich der Aussatz von ihm«.

Wie viel Verzweiflung lag in dem Bild dieses Mannes. Und wie viel Kraft und Hoffnung, dass das Unmögliche, wieder »rein« zu werden und wieder dazuzugehören, für ihn möglich werden konnte. Weil er felsenfest an seine Genesung glaubte. Ich schöpfte neue Hoffnung, vielleicht morgen früh doch mit einer heileren Haut aufzuwachen. Da der Glaube eine so gewaltige und unfassbar große Macht war.

Eine Spontanheilung habe ich selbst nie erlebt, aber im Zusammenhang mit Neurodermitis immer wieder davon gehört.

»Das verschwindet mit den Jahren«, sagten die Ärzte meiner Kindheit und auch später als Jugendliche hörte ich: »Als Erwachsene bist du es los.«

Bei mir war dies leider nicht der Fall, meine Neurodermitis ist Jahrzehnte geblieben. Aber viele Neurodermitis-Kinder sind als Erwachsene tatsächlich beschwerdefrei. Und es gibt Hinweise, dass sie auch im fortgeschrittenen Alter bei Erwachsenen ganz verschwinden kann oder sich zumindest abschwächt. Klaus, um die 50 und Mitpatient in einer Hautklinik, erzählte, dass er nach zehn Jahren extremer Neurodermitis eines Morgens aufwachte und symptomfrei war. Und dies mehrere Jahre blieb. Bis die Hautentzündungen genauso unvermittelt, wie sie verschwunden waren, wieder auftauchten. Und das heftiger denn je.

★ ★ ★

Reif für die Klinik

Irgendwann hielt ich es nicht mehr aus. Ich konnte nicht mehr, ich kapitulierte. Gott war, wenn ich anklopfte, meistens nicht zu Hause. Und ich klopfte oft.

Ich wollte wieder Kortison. Die Entscheidung, selbst im schlimmsten Schub darauf zu verzichten, galt nicht mehr.

Das letzte Mal hatte ich als Schülerin Kortison genommen. Die schöne, aber leider nur geliehene Symptomfreiheit und das garantierte Wieder-Aufflackern nach dem Absetzen des Medikaments wollte ich nie wieder erleben. Lieber ehrlich einen Schub durchstehen, aber dann auch die Zeit danach unbeschwert genießen. Ohne die ständige Furcht, dass es nur eine Frage von Tagen und, falls es gut geht, von Wochen sein würde, wann der nächste Schub beginnt.

Doch nach einem Jahr mit Dauerneurodermitis in meinem ersten Studienjahr war mein Widerstand gebrochen. Ich ging zum Arzt, ließ mir eine hochprozentige Kortisoncreme verschreiben und – Teufelszeug! – schon nach dem ersten Auftragen fühlte ich mich viel besser. Was für eine Erlösung! Und wie lange hatte ich mir diese nicht zugestanden.

Fasziniert beobachtete ich, wie sich die Haut von Stunde zu Stunde erholte. Und die normale Form und Farbe meines Gesichts und auch meine Lebensenergie mit dem Abschwellen zurückkehrten. Das Interesse an Menschen, an der Welt und an mir erwachte wieder! Ich konnte gar nicht oft genug in den Spiegel schauen, traf mich in Cafés mit Kommilitonen und war ganz verliebt in dieses großartige Gefühl, mich wieder lebendig und frei zu fühlen.

Es dauerte nicht einmal drei Wochen und ich sah wieder gesund aus. Und fühlte mich auch so. Nach fast einem Jahr, in dem ich mich nur in Ausschnitten auf meinem kleinen Taschenspiegel betrachtet hatte. Und das auch nur, wenn es sich absolut nicht hatte vermeiden lassen.

Ich holte nach, was ich nachholen konnte. Machte Pläne für die nächsten Wochen, in denen ich Freunde treffen und dort auch übernachten wollte. Das hatte ich ewig nicht gemacht. Zum einen wegen der Bettwäsche, die ich vielleicht nicht vertrug, zum anderen waren mir die unvermeidlichen Blutspuren, Folgen der nächtlichen Kratzattacken, unangenehm. Außerdem sah ich morgens immer am schlimmsten aus. Was zur Folge hatte, dass ich nirgends hinfuhr, wenn ich von dort abends nicht wieder wegkonnte.

Jetzt aber freute ich mich darauf und war voller Zuversicht, dass sich die Haut nach dem lehrbuchmäßigen Ausschleichen des Kortisons – stufenweise, täglich ein bisschen weniger – in ihrem guten Zustand halten würde.

So war es auch tatsächlich einige Tage. Dann aber zeigten sich wieder die ersten roten Flecken im Gesicht und es wurde langsam, aber stetig wärmer. Das Hautvibrieren kam und eines Morgens wachte ich wieder mit geschwollenen Augen und glühender Haut auf. Und verlor die Nerven.

Ich lief ins Bad, schraubte die Kortisontube wieder auf und cremte Gesicht und Hals hektisch ein. Ich wollte dieses unbeschwertere und in jeder Hinsicht entspanntere Leben, das doch gerade erst nach ewig langer Zeit wieder begonnen hatte, nicht schon wieder hergeben. Ich wollte noch länger gern in den Spiegel schauen, rausgehen und Leute treffen und nicht gleich wieder in das Hautgefängnis gesperrt werden.

Nach kurzer Zeit hing ich an der Kortisontube wie ein Alkoholiker an der Flasche.

Ich schmierte die nächsten Tage und Wochen ununterbrochen und mehrmals täglich die Creme auf meine Haut, wohlwissend, dass es komplett verrückt war und es so nicht lange weitergehen konnte. Aber mir war auch klar, dass ich es alleine nicht schaffen würde, vom Kortison wieder wegzukommen. Und um eine Klinik nun nicht mehr herumkam.

★ ★ ★

Kapitel 2

Globuli, Cremes und Kliniken

Wer kann wissen, was sich alles an einen Lebenspunkt anschließt?
Johann Wolfgang von Goethe

Ich habe zahllose Diäten, Schüßler-Salze, Probiotika und Traditionelle Chinesische Medizin (TCM) ausprobiert, um meine Haut zu beruhigen.

Ich trank literweise Molke, nahm Spurenelemente und Vitamine, Nachtkerzen- und Borretschsamenöl ein. Ich war bei Heilern, habe mich bestrahlen, akupunktieren und von innen und außen testen und desensibilisieren lassen.

Ich badete in Salz aus dem Toten Meer, in Apfelessig, Molke, Olivenöl und machte basische Fußbäder, um meinen Körper zu entsäuern. Und natürlich probierte ich unzählige Cremes und Salben aus.

Normalerweise bin ich nicht anfällig für die Verheißungen der Werbung. Und schon gar nicht für die der Kosmetikindustrie. Aber während eines Schubs, wenn meine Haut und mein seelisches Gleichgewicht aus dem Lot waren und nichts half, war ich es doch.

Die Versprechen von gesunder, weicher und schöner Haut auf den so ansprechend designten Verpackungen, die Düfte, wenn ich an Proben roch – all das Wertvolle aus der Natur, das in diesen Produkten eingefangen zu sein schien, wollte ich meiner verletzten Haut zugutekommen lassen. Und mir dabei das Gefühl geben, für sie zu sorgen und ihr helfen zu können.

Ganz in dem Sinne, wie es die spanische Mystikerin Teresa von Ávila einst formulierte: »Tu deinem Leib etwas Gutes, damit deine Seele Lust hat, darin zu wohnen.«

***

Neue Creme, neues Glück

Und so wie Joghurtfans voller Neugier und Erwartung die neuesten Joghurtkreationen im Kühlregal des Supermarkts studieren und zu Hause probieren, so gab es kaum einen Besuch im Drogeriemarkt, bei dem ich mich nicht ausgiebig in der Abteilung »Körperpflege« umgesehen hätte.

> *Ich war die perfekte Kundin für die Pharma- und Kosmetikhersteller, ständig brauchte ich Nachschub meiner Lieblingssalbe. Oder war auf der Suche nach einem neuen Produkt. Und wenn die Salbe xyz die Trockenheit der Haut oder vielleicht sogar den Juckreiz nur ein wenig linderte, statt noch mehr Unwohlsein zu bereiten, war ich schon glücklich.*

Noch vor einigen Jahren begegnete mir die Bezeichnung »Neurodermitis« fast nur im Zusammenhang mit Produkten aus der Apotheke. Inzwischen ist sie eine Selbstverständlichkeit auf den Etiketten der Pharma- und Kosmetikindustrie. Die Neurodermitikern ganze Serien anbietet – von der reinen Pflege bei stabiler Haut bis zur Linderung des akuten Schubs.

Hautkontakt ist lebenswichtig, unser Leben beginnt mit ihm. Neugeborene werden daher sofort und so oft wie möglich ihren Müttern auf den nackten Oberkörper gelegt, sie »känguruhen«.

Bei Frühchen steigert das Kuscheln die Überlebenschance und unterstützt sie dabei, sich schneller zu gesunden Kleinkindern entwickeln. Den Eltern hilft es, die Strapazen der Geburt und die anstehenden Herausforderungen besser zu überstehen.

Hirnforscher gehen davon aus, dass unsere ersten Hautkontakte in unserem emotionalen Gedächtnis gespeichert sind und wesentlich zu unserem Urvertrauen beitragen. Jenem wunderbaren Gefühl, das dafür sorgt, dass wir uns selbst, anderen und dem Leben vertrauen können und bindungsfähig sind.

Jedes Mal, wenn wir uns umarmen lassen, uns an einen vertrauten Körper kuscheln oder uns mit unserer Lieblingscreme eincremen, erinnert sich unser Körper an die ersten wohltuenden und schützenden Berührungen und schüttet das Hormon Oxytocin aus.

Oxytocin wird auch »Kuschelhormon« genannt und ist ein echter Alleskönner: Es stabilisiert das Herz-Kreislauf-System, sorgt dafür, dass Wunden besser heilen, hält unsere Abwehrkräfte fit und schenkt uns das unvergleichliche Gefühl, dass wir uns auf uns selbst und die Menschen um uns herum verlassen können.

Zuwendung, die wir unserer Haut schenken, ist also nicht nur für unsere körperliche Gesundheit und ein gutes Körpergefühl wichtig – durch die liebevolle Beschäftigung mit der Haut stärken und entwickeln wir auch unser Selbstwertgefühl.

Es gibt Cremes, Salben und Emulsionen, hautberuhigende und regenerierende Pflegemasken, Cremes mit Mikro-Silberzusätzen, Anti-Juckreizsprays und Lotionen. Viele davon mit Harnsäure oder wertvollen Zutaten wie Bio-Nachtkerze und Bio-Jojoba, Omega-6-Fettsäuren, Vitaminen und Bio-Shea-Butter, mit hautberuhigenden pflanzlichen oder antibakteriellen Wirkstoffen. Alles entwickelt, um den Hautzustand zu stabilisieren, die Haut widerstandsfähiger zu machen und dadurch die Lebensqualität zu erhöhen.

Auch in den Regalen der Baby- und Kinderpflege sah ich mich regelmäßig um. Und entdeckte dort fast immer etwas Neues.

Man schätzt, dass in Europa inzwischen jedes fünfte Kind an Neurodermitis leidet, doppelt so viele wie noch vor 30 Jahren. Gab es früher vor allem medizinische Salben und Klassiker wie Nivea, bebe, Kaufmanns Kindercreme oder Vita Horm, so ist jetzt eine Fülle an Cremes und Lotionen für die speziellen Bedürfnisse von Neurodermitiker-Kindern in die Babypflege-Abteilungen eingezogen. Dass aber auch mich die Hersteller dort erwarteten, merkte ich daran, dass mir einige ihr Produkt entweder gleich vorn auf dem Etikett oder in der rückseitigen Beschreibung mit der Info »auch für die sensible Erwachsenenhaut« empfahlen.

Zwischen »Reizlinderung für zarte Haut für Babys« über »zarte und intensive Pflege« bis zum »ultrasensitiven Pflegeöl« fiel mir die Wahl nicht schwer. Ich probierte einfach alles, was in irgendeinerweise Hautberuhigung versprach.

Manche Cremes fühlten sich auch nach einer Minute noch gut an, manche musste ich gleich wieder abwaschen. Weil sie juckten, brannten oder ein unangenehmes Gefühl hinterließen. Taschentücher und eine Wasserflasche hatte ich für solche Experimente stets griffbereit in der Tasche.

Ich kann verstehen, dass Eltern von Neurodermitis-Kindern ihre Hoffnung auf Produktbotschaften wie »schützend«, »pflegend« oder »juckreizstillend« setzen. Und neue Cremes in der vollen Überzeugung, ihrem Kind etwas Gutes zu tun, in die entzündete Haut reiben. Aber vielleicht spannt und brennt dieses Produkt, löst Hitzegefühle aus oder fühlt sich einfach unangenehm an?
Mich bedrückt die Vorstellung, wie viel Unwohlsein allein durch Cremes entsteht, die ein Baby oder kleines Kind auf seiner Haut ertragen muss. Als Erwachsene kann ich selbst entscheiden, ob ich eine Creme – auch wenn sie sich zunächst vielleicht nicht gut anfühlt – noch einmal auftrage, weil ich an ihr Versprechen der Linderung glauben will. Ein Baby oder kleines Kind kann das nicht.

★★★

Zauber der Globuli

Natürlich bin ich auch auf naturheilkundlichen und dort insbesondere auf homöopathischen Genesungspfaden unterwegs gewesen.

Frau Friedrich, eine klassische Homöopathin im Nachbarort, war der Geheimtipp in meiner Kindheit. Ihre Adresse wurde in unserem Bekanntenkreis herumgereicht, man sprach begeistert von ihren spektakulären Heilerfolgen. Also ließ sich auch meine Mutter bei ihr für mich einen Termin geben.

Nach einer ausführlichen Anamnese schlug Frau Friedrich eine Ernährungsumstellung – vor allem weniger, am besten gar keinen Zucker mehr und Zitrusfrüchte meiden – und eine Eigenblutbehandlung vor. Noch als sie erklärte, wie diese ablief, war für mich klar: nicht mit mir! Ich hatte panische Angst vor Spritzen.

Es gab also keine Eigenblutbehandlung, dafür aber drei Globuli. Die sollte ich im Mund langsam zergehen lassen – »nicht gleich zerbeißen!« – und gucken, was passierte. Und in drei Wochen wiederkommen.

Ich guckte, aber es passierte ... nichts. Wir fuhren wieder zu Frau Friedrich und ich bekam andere Globuli. Auch die lutschte ich bedächtig, guckte wieder, bemerkte aber erneut keinen Rückgang des Juckreizes oder eine Verbesserung der Ekzeme in den Armbeugen und Kniekehlen.

Wir sind dann irgendwann nicht mehr zu ihr gefahren. Aber viele Jahre später, als ich von den Möglichkeiten der Homöopathie absolut überzeugt war, war es Frau Friedrich, die meinem Vater bei einer ganz anderen Symptomatik beeindruckend hat helfen können.

Was heißt Juckreiz auf Französisch?

Mit 16 besuchte ich mit meiner Mutter deren Freundin Eva in Genf. Die beiden hatten sich über zwanzig Jahre nicht gesehen und ich war gespannt, wie Eva, von der meine Mutter mir schon so viel erzählt hatte, sein würde.

Ich hätte für die Reise gern eine Auszeit von der Neuro bekommen, kriegte sie aber nicht. Kurz davor begann wieder ein Schub und ich stieg mit heißem Gesicht und einer Tube Kortison im Gepäck für den Fall, dass es noch schlimmer würde, in den Nachtzug Richtung Schweiz.

Die Homöopathie ist eine alternativmedizinische Behandlungsmethode, die seit über 200 Jahren von Ärzten und Nichtärzten bei akuten wie auch chronischen Erkrankungen angewendet wird.

Der Name setzt sich aus den beiden griechischen Wörtern »Homoion« (= ähnlich) und »Pathos« (= leiden) zusammen. Die Homöopathie beruht auf einem Naturgesetz, dass Ähnliches durch Ähnliches geheilt wird. Man kann die Homöopathie daher auch als Reiztherapie bezeichnen, die die Selbstheilungskräfte des Organismus aktivieren beziehungsweise in die richtigen Bahnen lenken will.

Wer beispielsweise eiskalte Füße warm badet, friert nachher mehr als vorher, weil der Körper sie wieder herunterkühlt. Wenn die Füße aber kurz starker Kälte ausgesetzt werden, heizt der Körper sie danach selbstständig auf.

So kann eine homöopathische Arznei bei einem gesunden Menschen bestimmte Krankheitssymptome hervorrufen. Wenn aber ein kranker Mensch ähnliche Symptome hat wie die, die durch die Arznei beim Gesunden hervorgerufen werden, soll dieses Arzneimittel in der Lage sein, die Krankheit zu heilen.

Die Homöopathie betrachtet einen Menschen stets in seiner Gesamtheit, wozu auch dessen Gemütsverfassung, seine Lebensgewohnheiten und seine Biografie gehören. Krankheit wird daher nicht als isoliertes Geschehen gesehen, das nur ein einzelnes oder mehrere Organe betrifft – als sei zum Beispiel nur der Magen krank –, sondern als Signal einer Störung des gesamten Organismus.

Mit Eva war es dann tatsächlich so, als würden wir uns schon ewig kennen. Sie nahm wahr, dass ich mich in meiner Haut nicht wohlfühlte, ich versuchte »Juckreiz« zu erklären, kannte aber das französische Wort nicht. Was aber nichts machte.

»Es gibt sehr gute Präparate für deine Haut«, sagte Eva und fuhr gleich mit mir zu ihrer »Pharmacie Homéopathique«.

Trotz meiner Erklärung, dass ich schon so viele Sachen und auch schon die Homöopathie ausprobiert hatte, ließ sie sich nicht davon abbringen, das Auto mitten in Genf auf einer stark befahrenen Straße in zweiter Reihe zu parken und in die Apotheke zu springen. Dort kaufte sie in Windeseile ein Fläschchen, auf dem »démangeaison« stand.

»Dreimal täglich fünf Kügelchen und nicht kauen, nur lutschen«, sagte sie, als sie es mir beim Wiedereinsteigen ins Auto in die Hand drückte.

Ich nickte, das kannte ich ja schon.

Ich lutschte die Globuli und hatte, vielleicht auch dank der Kügelchen mit dem wohlklingenden Namen »démangeaison«, unvergessliche Tage in Genf. Zumindest erinnere ich mich weniger an meine schwierige Haut als an die vielen schönen gemeinsamen Erlebnisse.

Mit Eva als Wahlverwandter und mit neuer Motivation, besser Französisch zu sprechen, fuhr ich nach Hause und lutschte die Globuli fleißig weiter. Aber ohne, dass ich eine Veränderung der Haut zum Besseren bemerkte.

Irgendwann schlug ich im Wörterbuch das so magisch klingende Wort »démangeaison« nach, das sich inzwischen tief in meinem Wortschatz verankert hatte und das ich besser als viele andere französische Vokabeln aussprechen konnte.

Es hieß »Juckreiz«.

Meine Neurodermitis begleiteten über lange Zeiträume Heilpraktiker, die auch klassische Homöopathie anwendeten.

Nachdem aber ein erneuter Anlauf bei einem Homöopathen nicht den Erfolg brachte, den ich mir vorgestellt und so dringend nötig hatte, beschäftigte ich mich selbst mit dieser Behandlungsmethode und stellte mir Mittel in niedrigen Potenzen nach Arzneimittelbildern auf den homöopathischen Seiten des Internets zusammen. Zu meiner eigenen Überraschung manchmal mit phänomenalem Erfolg.

Einmal bin ich mit einem Megaschub von einer Tagung nach Hause gekommen. Mir ging es vorher schon nicht gut, aber ich wollte unbedingt teilnehmen und bei meiner Freundin Franziska übernachten, die ich viele Jahre nicht gesehen hatte.

Die Tagung überstand ich irgendwie, Franziska holte mich ab und wir fuhren zu ihr. Als sie mir mein Zimmer zeigte, erstarrte ich: Auf dem Fensterbrett saß der prächtige schwarzbraun getigerte Familienkater.

Ich schluckte.

»Das ist Oskar«, sagte Franziska. »Du magst doch Katzen?«

»Ja, klar«, sagte ich gegen mein Bauchgefühl, »nur nachts müsste er nicht bei mir schlafen.«

Weil ich meine Katzenallergie immer vergaß, hatte ich überhaupt nicht an die Möglichkeit gedacht, dass Franziska eine Katze haben könnte. In meinem Hirn lief ein Film ab: Sollte ich lieber doch noch in ein Hotel gehen? Aber ich wollte nicht schon wieder kompliziert sein. Und ich hatte mich ja auch so auf das Zusammensein mit Franziska gefreut.

Und vielleicht war meine Allergie inzwischen auch gar nicht mehr da? Manche allergische Reaktion verschwindet einfach und da ich lange keinen Kontakt mehr zu Katzen hatte, konnte mir durchaus entgangen sein, dass ich nicht mehr auf sie reagierte.

»Oscar ist nachts sowieso unterwegs«, sagte Franziska und wie aufs Stichwort hüpfte der Kater von der Fensterbank und schritt elegant aus dem Raum.

Ich versuchte, Familienmitglied Oskar zu vergessen und mir mein Unwohlsein in meiner aufgeregten Haut nicht anmerken zu lassen. Wahrscheinlich vibrierten in ihr noch die vielen Erlebnisse und Gespräche, die ich in den letzten Stunden gehabt hatte.

Franziska und ich redeten viel und gingen spät schlafen. Vorher schaute ich nochmals in jede Ecke und unters Bett, ob Oscar auch wirklich nicht im Zimmer war. Und betete dann, dass ich morgen wenigstens ein bisschen, nur für eine kurze Zeit, Ausgang aus dem schwülen Hautgefängnis hatte.

Noch bevor der Wecker klingelte, wurde ich wach. Und spürte schon beim Aufwachen: Ich konnte die Augen nicht richtig öffnen. Die Haut im Gesicht klopfte und glühte.

Ich sah auf die Uhr, es war erst halb fünf. Ich tappte ins Badezimmer und da ich mich nicht auskannte, brauchte ich Licht und drückte den nächsten Schalter neben der Tür. Drei Lampen gingen an und ich sah direkt in mein Spiegelbild.

Oh mein Gott! Das war ja noch schlimmer, als es sich anfühlte! Ich hatte komplett verquollene Augen und ein rotfleckiges, geschwollenes Gesicht. Panisch schüttete ich händeweise Wasser ins Gesicht, duschte eilig, zog mich an und packte Hals über Kopf meine Sachen.

In der Küche schrieb ich Franziska eine Nachricht und legte sie auf den Tisch. Als ich meine Jacke anzog, begegnete mir Tobias, ihr Mann.

»Musst du schon los?«, fragte er verwundert.

Ich stammelte etwas von einem früheren Termin, Vorbereitungen, viel zu tun und verließ fluchtartig das Haus.

Es war Samstag. Dieses Wochenende hätte so anders verlaufen sollen. Ich wollte eigentlich bis Sonntag bei Franziska bleiben, eben weil wir uns so lange nicht gesehen hatten und ich die letzten Jahre auch kaum irgendwo länger geblieben bin.

Aber jetzt saß ich in aller Frühe im Zug auf dem Weg nach Hause. Montag war tatsächlich ein äußerst wichtiger beruflicher Termin, ich musste fit sein.

Ich hatte gehofft, dass sich meine Haut an diesem Wochenende erholen würde – mit all den netten Terminen und Treffen. Das Gegenteil war nun der Fall. Und bis Montag waren es nur noch zwei Tage! Die Vorstellung, so wie ich mich jetzt fühlte und aussah, in diese Sitzung gehen zu müssen, war alles andere als erbaulich.

Aber ich gab mir einen Ruck. Wenn ich die richtigen Globuli fand und absolute Ruhe hatte, würde sich die Haut in den nächsten 48 Stunden vielleicht doch noch beruhigen.

Zuhause angekommen packte ich meine Sachen gar nicht erst aus, sondern suchte stattdessen fiebrig auf homöopathischen Seiten im Internet nach einem Mittel, dem meine Symptome und meine Seelenlage gerade am meisten entsprachen. Dabei stieß ich auch auf die Homepage einer Homöopathin, die detailliert erklärte, wie sie Patienten in einem akuten Neurodermitisschub behandelte: mit einem bestimmten Mittel in verschiedenen Potenzen. Das war zwar nicht ganz im Sinne der Klassischen Homöopathie, weil es eine allgemeine und keine individuelle Medikation war. Aber für mich klang es plausibel und wie gemacht für meine Situation.

Inzwischen war es Abend geworden. Ich sah auf die Uhr, die Apotheken hatten schon zu. Ich ließ alles stehen und liegen, fuhr zu der nächstgelegenen Notdienst-Apotheke und – hurra! – sie hatte tatsächlich die beiden Mittel, die ich jetzt brauchte. Sofort nahm ich fünf Globuli. Ich kriegte heiße Ohren und das Gesicht fühlte sich wie kurz vor dem Siedepunkt an. Ich wusste, dass es so etwas wie eine Erstverschlimmerung gab, und hoffte darauf. Denn dann war es das richtige Mittel und würde auch funktionieren. Und wirklich: Schon nach einer Stunde fühlte ich mich besser! Eine innere Erleichterung war da, die Hitze im Gesicht bestimmte nicht mehr mein gesamtes Erleben und der Leidensdruck war nicht mehr ganz so groß.

Am Sonntag wachte ich frischer auf, nahm das Mittel wieder und ging am Montag zwar sichtlich mitgenommen, aber mit deutlich mehr Energie zur Arbeit. Die Haut beruhigte sich in den nächsten Tagen immer mehr.

Im Laufe der Jahre hatte ich einige Male vergleichbare Erlebnisse, die sich aber nicht zuverlässig wiederholen ließen.

Und der Erfolg war auch nie von Dauer. Was dazu führte, dass ich ständig nach passenderen Mitteln suchte, himmelhoch jauchzte, wenn ich sie gefunden zu haben glaubte, und zu Tode betrübt war, wenn sie meine Erwartungen wieder nicht erfüllten.

Ich wurde Stammkundin bei einer Apotheke, die viele homöopathische Mittel vorrätig hatte oder schnell beziehen konnte. Aus dieser Zeit stammt auch meine beachtliche Sammlung von gängigen bis außergewöhnlichen und exotischen Arzneien, auf die ich glücklicherweise heute nicht mehr zurückgreifen muss.

»Die Neurodermitis ist ein Krankheitsbild, welches häufig überraschend einfach homöopathisch behandelt werden kann«, schreibt ein Arzt auf seiner Homepage.

Nun, diese Erfahrung habe ich nicht gemacht. Aber ich fand auch eine mögliche Erklärung, warum Homöopathie manchmal nicht wirken kann.

»Wenn ein Mann seine Frau schlägt, dann kann ich ihr Arnika gegen die blauen Flecken geben und es wird ihr besser gehen«, sagte einmal meine Ärztin, als wir uns über Möglichkeiten und Grenzen homöopathischer Arzneien in niedrigen Potenzen unterhielten.

»Wenn sie wieder von ihm geschlagen wird, kann sie wieder Arnika nehmen. Und wird erneut Linderung erfahren. Aber sie wird immer wieder blaue Flecken kriegen, wenn sie sich nicht endlich entscheidet, an ihrer Lebenssituation etwas zu verändern.«

Mir konnte die Homöopathie keine dauerhafte Erleichterung bringen, weil ich an ihren Ursachen nichts änderte. Ohne es zu ahnen, warf ich ständig Brennstoff in die Entzündung. Und hielt das Neurodermitis-Feuer in Gang.

★ ★ ★

Dauerduschen und rohe Kost

Auf der ständigen Suche nach dem »Heiligen Gral« – einem Medikament, einer Creme, Vitaminkur, Diät oder anderen heilenden Therapie – führte mich meine Reise auch mehrmals in Kliniken. Die Wochen mit Meer- oder Bergluft, Sonne und Entspannung brachten zwar keine dauerhafte Linderung oder gar Heilung, dafür aber immer neue Erkenntnisse. Und frische Energie. Denn für kurze Zeit erlebte ich wieder, wie sich mein Leben mit einer gesunden oder zumindest gesünderen Haut anfühlte. Und wie wohltuend Begegnungen mit Menschen sein konnten, denen man nichts erklären musste.

Obwohl meine Neurodermitis bisher die wenigsten wirklich gestört oder abgestoßen hatte und meine Partner nie Probleme mit meiner Haut hatten, schämte ich mich insgeheim doch immer für mein Aussehen. In einer Klinik an einem Ort zu sein, wo viele das gleiche erlebten und sichtbare Hauterkrankungen die Normalität und nicht die Ausnahme waren, empfand ich daher immer als große Entlastung.

Nicht die Haut ist krank

In das Krankenhaus Lahnhöhe, dessen Therapieansatz für mein heutiges Wohlfühlen eine Schlüsselrolle spielt, hatte mich der Dauerschub und die Kortisonabhängigkeit während der ersten beiden Semester geführt.

Schon als Kind hatte mir die Mutter meines Freundes Jan, die sich sehr für gesunde Ernährung und alternative Medizin interessierte, gesagt: »Ich bin zwar keine Medizinerin, aber ich glaube nicht, dass deine Haut krank ist. Etwas in deinem Körper ist wahrscheinlich im Ungleichgewicht und das zeigt sich an deiner Haut. Mit Kortison kannst du es zwar unterdrücken und Salben können die Symptome lindern. Aber solange du nicht an die Wurzel gehst, wirst du vermutlich immer wieder mit Neurodermitis und Schüben zu tun haben.«

Irgendwann drückte sie mir die Bücher von Max Otto Bruker in die Hand, einem Arzt, der sich mit dem Zusammenhang zwischen Ernährung und chronischen Krankheiten beschäftigte. Noch im Bus auf dem Nachhauseweg begann ich »Unsere Nahrung, unser Schicksal« zu lesen. Und hätte fast die Haltestelle zum Umsteigen verpasst, so vertieft war ich in das, was ich da gerade erfuhr. Und so begeistert! Denn obwohl Bruker in einem für meine Ohren ziemlich oberlehrerhaften Ton schrieb, faszinierte mich seine Methode, wie er die Neurodermitis sah und dauerhaft heilen wollte. Und zwar mit einem ganzheitlichen und komplett kortisonfreien Ansatz.

Im Zentrum seiner Therapie stand die tierisch-eiweißfreie Vollwerternährung. Fast genau das, was wir heute vegan nennen und was sich inzwischen unter den zahlreichen Ernährungsstilen absolut etabliert hat. Aber in den 1980er und 90er Jahren war diese Form der Ernährung noch kaum bekannt. Oder nur etwas für Sonderlinge und Ökospinner. Sie wirkte extrem und befremdlich.

Jetzt, im Studium, wo ich aus der Kortisonspirale den Ausweg suchte, fiel mir Jans Mutter und Brukers Buch wieder ein. Ich kaufte es, verschlang es erneut und schöpfte wieder Hoffnung. Es gab einen Weg! Und wenn die Ernährung eine so bedeutende Säule im Genesungsprozess war, dann würde meine Neurodermitis bald endlich Vergangenheit sein!

Max Otto Bruker erkannte schon in den Sechzigerjahren die Zusammenhänge zwischen Ernährung, Gesundheit und Zivilisationskrankheiten.

Zur Erhaltung und Wiederherstellung der Gesundheit entwickelte er eine eigene Ernährungstherapie, bei der er im Wesentlichen dem Entwickler der Vollwerternährung Werner Georg Kollath und dem Schweizer Arzt Maximilian Bircher-Benner, dem Vater des »Bircher-Müslis«, folgte.

Nach Bruker soll auf alles verzichtet werden, was industriell konserviert oder behandelt wurde und ein großer Teil der Nahrung sollte aus Rohkost bestehen. Im Zentrum seiner Ernährung steht der Frischkornbrei, ein Müsli aus frischgemahlenem Getreide, Nüssen und Obst. Als Fette stehen kalt gepresste Öle, Butter und Sahne zur Auswahl. Pflanzliches Eiweiß wird in seiner Vollwertkost dem tierischen vorgezogen, Fruchtsäfte, Früchtetees und Milch lehnt Bruker komplett ab. Je schwerer die Erkrankung ist, umso höher sollte der Anteil reiner Frischkost sein und umso konsequenter sollte auf tierisches Eiweiß verzichtet werden.

Brukers Ernährungsform oder auch Teile daraus finden sich heute in Ernährungsstilen wie Low Carb, Vegan oder Rohkost wieder und viele Menschen schwören auf die gesundheitlichen Vorteile, die sie durch den Verzicht auf tierisches Eiweiß oder durch reine Rohkost erhalten.

Einige von Brukers Thesen sind heute wissenschaftlich widerlegt. Viele Aspekte seiner Ernährung überzeugen mich aber nach wie vor, weil ich ihre wohltuende Wirkung bei mir selbst und anderen erlebt habe.

Voller Hoffnung, meine Haut endlich heilen zu können, und in der festen Überzeugung, nie wieder Kortison anrühren zu müssen, fuhr ich in den Semesterferien nach Lahnstein und checkte im Krankenhaus Lahnhöhe ein. Hätte ich gewusst, was mich dort in den nächsten Wochen erwartete, hätte ich es wahrscheinlich nicht gemacht. So aber bezog ich mein Zimmer, packte mit letzter Kraft meinen Koffer aus und fiel – erleichtert darüber, an einem Ort zu sein, wo andere besser als ich wussten, was meiner Haut helfen konnte – ins Bett.

Das geht gar nicht!

»Ab sofort kein Kortison mehr«, sagte der Arzt am nächsten Morgen in der ersten Sprechstunde. Ich schluckte. Ich war fest davon ausgegangen, dass ich das Kortison langsam ausschleichen konnte. Aber davon war keine Rede. Auch alle meine anderen Cremes sollte ich nicht mehr verwenden. Schock!

Doch das war noch nicht alles – mir wurden auch »Dauerduschen« verordnet.

»Was ist das?« fragte ich misstrauisch. Dauerduschen klang nach viel Wasser. Nach zu viel Wasser.

»Da liegen Sie eine halbe Stunde auf einer Liege und ein beweglicher Duschstrahl braust Ihren gesamten Körper ab«, erklärte der Arzt.

»Und danach auch nicht eincremen?«

Ich musste etwas missverstanden haben. Es konnte ja nicht sein, dass ich meine Haut überhaupt nicht mehr cremte. Sie war ja komplett auf das Fett aus Tube oder Tiegel angewiesen.

»Genau. Ab jetzt überhaupt keine Cremes mehr«, nickte der Arzt. »Am besten, Sie geben gleich alle, die Sie mitgebracht haben, im Schwesternzimmer ab.«

Ich protestierte. Wenigstens nach dem vielen Wasser der Dauerdusche brauchte ich meine Fettsalbe! Und auch gleich morgens beim Aufstehen. Das war doch das mindeste an Pflege, was ich für meine Haut tun musste!

Aber der Arzt ließ nicht mit sich verhandeln.

»Die Creme-Abstinenz ist wichtig, damit sich Ihre Haut durch das Nichtcremen erholt und die eigene Fettproduktion wieder in Gang kommt. Die Wasseranwendung aktiviert die Selbstheilungskräfte des Körpers zusätzlich und die vegetarische Ernährung mit dem hohen Rohkostanteil wird Ihren gesamten Regenerationsprozess unterstützen.«

Da der Arzt wirkte, als wüsste er, was er tat, und ich außer meinem katastrophalen Hautzustand nichts zu verlieren hatte, gab ich meinen Widerstand auf. Schweren Herzens verabschiedete ich mich von meinen Cremes und vertraute mich der Klinik mit ihren eigenartigen Methoden an.

Wasser laugt die Haut aus. Gerade Menschen mit Neurodermitis merken, wie trocken die Haut nach dem Kontakt mit Wasser ist.

Nach der üblichen Dermatologen-Meinung sollten Atopiker ihre Haut nach jedem Kontakt mit Wasser – aber natürlich auch ohne diesen – unbedingt mehrmals täglich rückfetten. »Die beste Methode, um Schübe zu vermindern«, empfahl auch einmal eine Ärztin im Deutschlandfunk einer Hörerin mit Neurodermitis während einer Sendung zum Thema Haut.

Wüstenzeit

Es war klar, dass der Kortisonentzug kein Sonntagsspaziergang werden würde. Ich hatte ja schon mehrmals Kortison abgesetzt und erfahrungsgemäß folgte immer eine Entzugsdermatitis – auch wenn ich es nur einige Tage genommen hatte. Über so einen langen Zeitraum aber wie in den letzten Wochen hatte ich Kortison noch nie geschmiert. Was nun kam, übertraf jedoch alles, was ich mir mit meiner lebenslangen Neurodermitiserfahrung in meiner kühnsten Fantasie hatte vorstellen können.

Mein Gesicht schwoll zu einem heißen Ballon an. Ich konnte kaum aus den Augen sehen und den Mund nicht öffnen, ohne dass die Haut über den Lippen und den Mundwinkeln sofort blutend einriss. Der Hals war eine komplett nässende Fläche und fühlte sich an, als hätte ich eine Eisenmanschette um, die ich gerade aus dem Feuer geholt hatte. So extrem spannte, brannte und glühte die Haut.

Die einzige Erleichterung am Tag war die halbe Stunde unter der Dauerdusche. Das Wasser ätzte zwar zu Beginn höllisch, aber das ließ schnell nach und dann folgte in der warm-feuchten Luft der Duschkabine die schönste Zeit des Tages: Dreißig Minuten reinstes Wohlgefühl! Beim ersten Mal unter der Dauerdusche konnte ich mich nicht erinnern, wann ich mich das letzte Mal so gut gefühlt hatte.

Allerdings war es damit auch schnell wieder vorbei. Wenn das Wasser nach der Dusche trocknete, musste ich zurück in meine zu kleine, zu heiße, zu sehr brennende und oft wie verrückt juckende Haut.

Mein Gesicht wurde in den ersten 14 Tagen täglich härter, schälte sich und überall dort, wo die Haut platzte und einriss,

Die Dauerdusche ist wie das bekannte Wassertreten eine der vielen naturheilkundigen Verfahren des bayerischen Priesters Sebastian Kneipp.

Sebastian Kneipp war ein bekannter Hydrotherapeut und der Namensgeber der Kneipp-Medizin, die zu den klassischen naturheilkundlichen Verfahren zählt. Zu Kneipps bekanntesten Methoden gehören neben dem Wassertreten vor allem Waschungen, Wickel, Dampfbäder, Kompressen und Packungen, Güsse, verschiedene Formen von Bädern und die Dauerdusche. Bei chronischen und akuten Beschwerden soll sie – wie auch seine anderen Methoden – auf den Regulationsmechanismus des Organismus harmonisierend, aktivierend und lindernd wirken und das gesamte Immunsystem stärken.

Das Krankenhaus Lahnhöhe bietet ein breites Spektrum physikalischer Therapien nach Kneipp an. Man nutzt dort außerdem das Wissen der anthroposophischen Medizin, der Homöopathie wie auch der Phytotherapie – der Heilung, Linderung und Vorbeugung von Krankheiten mit Arzneipflanzen.

Mein Aufenthalt in der Klinik Lahnhöhe liegt nun schon lange zurück und in der Zwischenzeit mag sich viel geändert haben. Aber der psychosomatische und naturheilkundliche Ansatz ist dort nach wie vor vorhanden. Gern erinnere ich mich auch an die herrlichen Spaziergänge und Wanderungen, die man von dort aus in die wunderschöne Landschaft und Natur des Mittelrheins machen kann.

entstanden blutige Krusten. Ich vermied den Blick in den Spiegel. Aber als ich doch einmal all meinen Mut zusammennahm und hineinschaute, erkannte ich mich kaum wieder: So schlimm hatte ich noch nie ausgesehen!

Erstaunlicherweise schämte ich mich aber nicht, obwohl ich nach meiner Vorstellung jetzt wirklich entstellt war. Zum ersten Mal hatte ich tiefes Mitgefühl mit meiner Haut. Und mir. Und mir war völlig egal, was andere dachten. Was wir schon alles mitgemacht hatten, meine Haut und ich. Und gerade jetzt wieder aushielten. Mitgefühl mit mir selbst zu haben war für mich völlig neu und erstaunt nahm ich mehr und mehr wahr, dass die Energie, die ich vorher immer gegen mich gerichtet hatte, nun uneingeschränkt dem Genesungsprozess zur Verfügung stand.

Zu erleben, wie viel Kraft allein die Ablehnung meiner verhassten Haut aufzehrte und wie viel Energie floss, wenn ich mich einfach sein ließ, wie ich gerade war, war eine völlig neue Erfahrung. Nach langer Zeit hielt ich es tatsächlich wieder für möglich, dass sich meine Haut erholte und ich gesund wurde.

Ich galt immer als selbstbewusst. Das war ich sicherlich auch. Aber es war auch eine erlernte Rolle, in die ich schlüpfen konnte, wenn ich sie brauchte oder wenn ich glaubte, dass sie von mir erwartet wurde. Und die sich als äußerst wirksam erwiesen hatte, wenn es darum ging, den Alltag so gut wie möglich zu meistern.
Beim Abitur klopfte mir ein Lehrer anerkennend auf die Schulter. »Ich bewundere«, sagte er, »wie du das hier alles über die vielen Jahre mit deiner Haut hingekriegt hast. So stark und tapfer.« Er hatte recht.

Ich war in Theater-AGs und Orchestern, ich machte mit, weil ich dachte, dass ich mitmachen musste. Und ich hatte oft eine große Klappe. Aber das war die Rolle. In Wirklichkeit war ich eher introvertiert, unsicher, lieber für mich allein und still. Während eines Neuroschubs spitzte sich dies noch zu, dann war ich komplett wesensverändert. Und auch wenn es Menschen gab, die mich mochten, ja, liebten und für die meine Haut nie ein Thema war – die Angst vor Ablehnung war immer da.

Heute weiß ich, dass ich mich vor allem selbst abgelehnt habe. Dass ich mir keinen Rückhalt gab und nie bedingungslos zu mir stand. Dass ich auch gar nicht wusste, was das überhaupt bedeutete: zu sich zu stehen. Geschweige denn, wie es sich anfühlte. Ich hatte keine Ahnung, was mein Körper und meine Seele zum Wohlfühlen brauchten. Ich war mir fremd.

Doch auch wenn ich mich als junger Mensch besser verstanden hätte, wenn ich erkannt hätte, dass es um die Annahme und Unterstützung meiner selbst ging – ich hätte nicht gewusst, wie ich sie mir hätte geben können. So zerkratzt, hässlich und energielos, wie ich mich fühlte. Dazu im Studium der ständige Vergleich mit meinen gesunden, vor Energie nur so strotzenden und fröhlich vor sich hinstudierenden Kommilitonen, die das Leben, ihre Pläne und ihre Freiheit in vollen Zügen zu genießen schienen und deren Unbeschwertheit mich nur noch mehr lähmte. Weil sie mir täglich vor Augen führten, was ich nicht hatte und wahrscheinlich auch nie haben würde. Und der Gedanke, auch in Zukunft ein Leben zu führen wie das, in dem ich gerade feststeckte, machte mir einfach nur Angst.

Frische Haut!

Es waren harte erste Wochen in der Klinik Lahnhöhe. Und ich begann schon daran zu zweifeln, ob ich mich jemals wieder würde bewegen können, ohne dass meine Haut irgendwo einriss.

> *Nach drei Wochen wachte ich morgens auf und drehte versehentlich den Hals, den ich bis dahin so steif wie möglich gehalten hatte. Ich wartete auf den Schmerz des Einreißens, aber ... nichts passierte. Ich drehte den Hals noch ein wenig weiter. Auch das war ohne Widerstand möglich. Überrascht tastete ich mit den Fingern den Nacken ab. Unglaublich! Zwischen den verschorften Stellen war neue, glatte Haut! Diese seltsame »Null-Creme-Methode« funktionierte also wirklich!*

Das war der Wendepunkt, ab da besserte sich mein Hautzustand stetig. Auch den anderen Neurodermitikern sah man an, dass ihnen die fordernde und ungewöhnliche Therapie gut tat. Zu der nicht zuletzt die strenge vegetarische Ernährung ohne tierisches Eiweiß gehörte.

Jörg, dem es zu Beginn seines Aufenthalts sehr schlecht ging, aß einige Wochen nur Rohkost. Und war von der Wirkung so begeistert, dass er überhaupt nicht mehr zum Kochtopf zurückwollte.

Ich hatte sowieso schon lange einmal vorgehabt, Milchprodukte wegzulassen und zu testen, ob meine Haut sich dann beruhigte. Aber meine Leidenschaft für Quark, Joghurt, Käse und Kefir war immer so groß, dass ich es zuhause nie länger als einige Tage schaffte. In der Klinik dagegen fiel mir der Verzicht leicht und allein das Wissen, mit dieser Art der Ernährung meiner Haut helfen zu können, motivierte mich, konsequent zu bleiben. Selbst bei Ausflügen nach Koblenz hielt ich den kulinarischen Verführungen stand, die es dort auf Schritt und Tritt in der Innenstadt gab.

Heute esse ich zu 90 Prozent vegan, was zum großen Teil immer noch eine Folge meiner guten Erfahrungen mit der Ernährung in der Bruker-Klinik ist. Da Lebensmittel und Neurodermitis aber ein ganz eigenes und auch sehr wichtiges Thema sind, wird es in Kapitel 4 noch ausführlicher darum gehen.

Insgesamt blieb ich sechs Wochen in der Klinik Lahnhöhe. Der Hals erholte sich völlig, die Arme heilten und vor allem mein Gesicht schwoll mehr und mehr ab, die Haut wurde weicher und blasser. Aber ich hatte zwischendurch immer wieder und gegen Ende meines Aufenthaltes auch immer öfter eine Olivenölpaste benutzt, die die Klinik anbot, wenn die Haut extrem einriss. Damit schmierte ich die Flächen um den Mund ein, um die extrem unangenehmen Spannungsgefühle zu lindern. Und das waren später genau die Stellen, die sich zwar im Vergleich zu den vergangenen Monaten ebenfalls deutlich gebessert hatten, die aber immer noch rot, schuppig und leicht entzündet waren.

Schlechtes Gewissen

Um kostbare Erlebnisse und Begegnungen reicher, aber vor allem: clean vom Kortison, fuhr ich mit einer sichtlich beruhigteren Haut nach Hause. Um mich nach einem Monat mitten in einem neuen Schub wiederzufinden. Der sich – und das war das Gute im Schlechten – diesmal zwar fast nur im Gesicht abspielte, mich aber trotzdem massiv belastete. Denn mit ihm zog auch ein permanentes Schuldgefühl in mein Leben ein.

Nach der Klinik hatte ich mit meiner neuen Ernährung geschludert: Da ich mich jetzt so viel besser fühlte, befolgte ich Brukers Ernährungskonzept nicht mehr ganz so streng. Ich spürte ein enormes Verlangen nach all dem, worauf ich sechs Wochen verzichtet hatte, und aß wieder Käse und Weißmehlbrötchen, genoss Kefir, Buttermilch und Joghurt.

Ich war felsenfest davon überzeugt, dass ich allein für die Verschlechterung meiner Haut verantwortlich war, und machte mir schwere Vorwürfe. Weil ich meine Ernährung nicht im Griff hatte, es nicht schaffte, auf die Dinge zu verzichten, die mir offensichtlich nicht gut taten. Seelenstress, der sich auch in der Verfassung meiner Haut ausdrückte.

Im Rückblick weiß ich, dass es sicherlich auch, aber eben nicht nur an der Ernährung lag. Es gab eine Vielfalt von Ursachen, die den ersten Schub nach der Klinik beförderten. Ich cremte wieder im Gesicht, ich bin in eine stressige WG- und Studiensituation zurückgekommen. Dazu setzte ich mich ständig mit der Frage, was ich essen durfte und was nicht, unter Druck. Ich hatte Angst, dass ich die neue Ernährung, die ich in der Bruker-Klinik kennengelernt und die ich als so unterstützend erlebt hatte, alleine und bei dem riesigen Angebot an Lebensmitteln, die ich gern aß, nicht durchhalten konnte. Und dass die schöne Haut nur eine kleine, viel zu kurze Episode bleiben würde. Und so war es ja dann auch.

★ ★ ★

Cremeverband und Rotation

Es gab Zeiten in meinem Erwachsenenleben, in denen es mir phasenweise richtig gut ging. Die Neurodermitis flammte zwar ab und an auf, klang aber auch wieder ab. Bis vor einigen Jahren erneut ein Schub kein Ende nehmen wollte. Genau wie damals, zu Beginn meines Studiums.

Jahrelang war Bepanthen zur Stelle, wenn meine trockene Gesichtshaut spannte und nach Creme verlangte. Die Tube war meine Pflege- und Lebensversicherung, es lagen immer einige 100-Gramm-Packungen als Reserve im Schrank. Und mehrere kleine Döschen mit Bepanthen waren auf alle Taschen verteilt. Wenn ich aus dem Haus ging und merkte, dass ich sie nicht dabei hatte, ging ich wieder zurück, um sie zu holen. War ich schon zu weit weg, um noch einmal umzukehren, kaufte ich unterwegs schnell eine kleine Tube.

Nicht dass Bepanthen einen Schub aufgehalten hätte. Aber sie machte ihn erträglicher und in der Zeit dazwischen gab sie mir das Gefühl, dass ich meine Haut mit dem versorgte, was sie am meisten benötigte: Fett. Und zwar ständig. Morgens beim Wachwerden war der erste Griff der zur Tube, abends, kurz vor dem Einschlafen, war es der letzte. Und dazwischen drehte ich sie unzählige Male auf und zu.

Auf der Suche nach einem neuen homöopathischen Mittel bin ich auf den Ausdruck »süchtige, unheilsame Haut« gestoßen. Und war verblüfft, wie genau diese Beschreibung das traf, was ich fühlte: Meine Haut war süchtig, süchtig nach Fett. Von süchtiger Haut hatte ich noch nie gehört oder gelesen. Aber wenn eine Haut süchtig war – dann meine.

Rien ne va plus – nichts geht mehr

Dann funktionierte Bepanthen irgendwann nicht mehr. Die Haut juckte sofort nach dem Eincremen und wurde noch röter, als sie ohnehin schon war. Ein Dermatologe vermutete eine Unverträglichkeit gegen Wollwachs oder den Wirkstoff Dexpanthenol. »Es passiert gar nicht so selten«, erklärte er, »dass die Haut etwas, was sie jahrelang gut vertragen hat, nicht mehr toleriert.« Er empfahl eine ähnlich fette Salbe ohne Wirkstoff, mit der ich dann auch lange Zeit gut zurechtkam. Wobei gut hieß, dass ich das Leben mit meiner stets latent entzündeten Haut einigermaßen aushalten konnte.

Aber dann rötete sich auch bei dieser Salbe plötzlich die Haut und juckte schon beim Auftragen. Nun wurde es kompliziert. Denn alles, was ich ausprobierte, spannte, juckte, brannte oder all das zusammen. Die Haut im Gesicht entzündete sich immer mehr. Bis ich wieder jeden Morgen rot, verschwollen, schuppig und energielos aufwachte.

Ich testete eine Creme nach der anderen und entdeckte schließlich eine, die mich zwei Wochen in Hochstimmung versetzte. Weil sich das Spannungsgefühl im Gesicht löste und sie sich einfach super anfühlte. Es gab sie also doch, die Wundercreme! Ich schwebte durch den Tag und verstand einmal mehr, wie sehr mein Lebensgefühl von der Befindlichkeit meiner Haut abhing. Ob es ein guter oder schlechter Tag war, entschied sich fast ausschließlich darüber, wie meine Haut aussah und wie ich sie erlebte.

Zwei Wochen war ich überzeugt, nun endlich – endlich! – mit dieser Creme den »Heiligen Gral« gefunden zu haben.

Aber am 15. Tag juckte das Gesicht. Ich cremte weiter. Am 16. Tag spannte es. Ich cremte weiter. Am 17. Tag wurde die Haut rot und brannte wie eh und je.

Ich legte die Creme weg und ich fing wieder bei null an. Nur: Wo war null?

Ich verzichtete auf Eier, Zucker und Obst. Auf Getreide, auf Kaffee und Tee. Auf alles Saure und Scharfe, auf Milchprodukte und Nahrungsmittel, die viel Histamin enthielten, um den Juckreiz nicht noch weiter zu fördern. Ich aß einige Tage nur Reis, nur Karotten oder nur Kartoffeln. Oder Kartoffeln mit Karotten. Oder Karotten mit Reis. Aber das Feuer im Gesicht brannte weiter.

Kuchen backen

Ich mied Verabredungen, legte Termine weit in die Zukunft, immer in der Hoffnung, dann wieder besser auszusehen und frische Energie zu haben. Die Neurodermitis trennte mich immer mehr von den Menschen und ich merkte, dass ich mein Leben ständig auf eine Zeit mit heiler Haut vertagte. Eine Zukunft, die ich mir zwar wünschte, die aber vielleicht noch lange nicht, vielleicht sogar nie kommen würde.

Aber konnte und sollte das mein Leben sein? Zurückziehen, verstecken und warten? Nein!

Ich gab mir einen Ruck. »Geht es meiner Seele gut, geht es auch meiner Haut gut«, dachte ich, kaufte Butter und Eier, backte Kuchen und lud Freundinnen ein, denen ich mich in meiner Verfassung zumuten wollte. Und denen ich zutraute, dass sie mit meinem Aussehen umgehen konnten.

Und wie sie das konnten! So sehr meine Haut für mich *das* Thema war, so wenig war sie es für meine Freundinnen. Die Einzige, die ein Problem mit mir hatte, war ich selbst.

Ich verstand plötzlich, wie sehr ich mich mit meinem eingeschränkten Blick auf mich zumauerte. Ich musste endlich mein Blickfeld wieder vergrößern. Aber nicht nur das. Ich musste die Welt und mich überhaupt neu sehen lernen.

Holger, ein langjähriger Freund, hatte mal gesagt: »Du zählst immer Neurodermitis, zwei, drei, vier, fünf, sechs, Iris. Zähl doch mal Iris, zwei, drei, vier, fünf, sechs, Neurodermitis.«

Daran erinnerte ich mich jetzt. Ich fing an, Rituale und Achtsamkeitsübungen in meinen Tag einzubauen. Sie halfen mir, gedanklich nicht mehr ständig um meine Haut zu kreisen. Und ich lernte durch sie, meine Vorstellungen und Gedanken, die mich in die Neurodermitis mit ihrer Not einsperrten, zu erkennen und durch neue zu ersetzen.

Wenn ich mich dabei ertappte, mich verstecken zu wollen, sagte ich mir: »Geh raus! Du wirst garantiert schöne Erlebnisse haben.« Und so war es dann auch. Ich zwang mich geradezu, aus den alten Denkmustern auszusteigen und mir so oft wie möglich die Chance zu geben, neue Erfahrungen zu machen.

Doch auch wenn ich mit meinem bewussteren Denken nun neue Wege ging und wieder lebendiger wurde – meine Haut zeigte sich davon unbeeindruckt.

Ehrlich werden

Bei einem Seminar zum Thema Stressmanagement arbeitete ich zum ersten Mal mit meiner Kollegin Frederike zusammen.

Wir kannten uns zwar schon und mochten uns sehr, aber ich hatte keine Ahnung, ob ihre und meine Seminar- und Trainingsmethoden miteinander harmonierten und wir ein gutes Team abgeben würden. Es war eine große Gruppe mit 26 Teilnehmern und ich reiste mit heißer und wunder Haut am Veranstaltungsort an. Ideale Voraussetzungen für einen Seminartag fühlen sich anders an. Aber ich war es inzwischen gewohnt, mit meinem angegriffenen Aussehen vor Gruppen zu treten, und hatte vergleichbare Situationen oft gemeistert.

> *Neuerdings ging ich immer ganz offensiv mit meinem Thema um. Ich sagte schon bei der Vorstellungsrunde, dass ich einen Neurodermitisschub hatte. Das schaffte Klarheit, entlastete mich und ich fühlte mich den Seminarteilnehmerinnen und -teilnehmern gegenüber viel freier.*

Es wurde ein großartiges Training. Ich entspannte mich von Stunde zu Stunde, die Kooperation mit Frederike entpuppte sich als echter Glücksfall und entsprechend war das Feedback der Gruppe. Als Frederike und ich nach dem Seminar die Flip-Charts und Pinnwände aufräumten und unsere Materialien zusammenpackten, erzählte sie, dass sie auch Neurodermitis gehabt hatte.

»Das ist nun zwar schon einige Jahre her«, sagte sie, »aber damals hat mir diese Salbe geholfen.« Sie griff in ihre Tasche und holte eine kleine Cremetube heraus. »Seitdem habe ich sie immer dabei. Du kannst sie gern probieren, wenn du möchtest.« Friederike hielt mir die Creme hin.

»Danke«, sagte ich, nahm die Creme und musste schlucken. Wegen ihrer Geste und Offenheit, aber auch, weil ich mich so ehrlich gezeigt hatte. Jahrelang hatte ich es so weit wie möglich vermieden, über etwas so Persönliches wie meine Neurodermitis im beruflichen Kontext zu reden. Private Themen, und dann auch noch so sensible, gehörten für mich nicht an den Arbeitsplatz.

Nun aber machte ich schon zum wiederholten Mal die Erfahrung: Je selbstverständlicher und offener ich mit meiner Haut auch während meiner Arbeit umging, desto mehr war ich in Kontakt mit mir und mit den Menschen um mich herum. Und genau diese Qualität des Zusammenseins war es, die neue Energie zum Fließen brachte und – was besonders schön war – mich sogar wieder Freude spüren ließ.

Die Ausgrenzung, die ich immer fürchtete, fand nur durch mich selbst statt. Nicht durch die anderen. Im Gegenteil, die Seminarteilnehmer signalisierten: »Neurodermitis, ja, und?« Sie sahen meine Persönlichkeit und meine Leistung als Ganzes, die Neurodermitis spielte für sie überhaupt keine Rolle. Während ich selbst mich auf meine gezeichnete Haut reduziert und fast ausschließlich über sie erlebt hatte.

Und nun?

Einige Jahre war ich bei keinem Dermatologen mehr gewesen, weil der Arzt meines Vertrauens nicht mehr praktizierte. Der hatte überwiegend klassisch homöopathisch behandelt, sich aber auch nicht gescheut, die Kortisonkeule zu schwingen, als meine Hände einmal komplett entzündet waren.

Mein Vorsatz allerdings, nie wieder Kortison im Gesicht und am Hals zu verwenden, war seit Lahnstein in Stein gemeißelt. Ein einziges Mal hatte ich noch eine Ausnahme machen müssen. Das aber war inzwischen auch schon über siebzehn Jahre her. Meinen Hals und Körper hatte ich seit Lahnstein auch nicht mehr eingecremt. Die Haut war dort gesund, weich und stabil. Nur im Gesicht herrschte fast immer Alarm oder Ausnahmezustand. Es gibt wenig Fotos aus diesen Jahren, weil ich mich nie fotografieren lassen wollte.

Jetzt, da meine Mittel alle ausgereizt waren, hoffte ich, dass es in der Dermatologie seit meinem letzten Hautarztbesuch vor einigen Jahren vielleicht einen Durchbruch gegeben hatte, der mir entgangen war. Dass etwas komplett Neues nach dem ewigen Kortison und den jüngsten Hoffnungsträgern Pimecrolimus und Tacrolimus, die Anfang 2000 auf den Markt kamen, entwickelt worden war. Ich hatte mir damals sofort Elidel und Protopic verschreiben lassen und voller Erwartung ausprobiert. Aber meine Haut gewöhnte sich rasch an den Wirkstoff. Und da die Nebenwirkungen heftig sein konnten und die Cremes sogar im Verdacht standen, Hautkrebs zu erzeugen, ließ ich schnell wieder die Finger davon.

Nichts Neues

»Was ich Ihnen in Ihrem Zustand nur anbieten und empfehlen kann«, sagte der Dermatologe, bei dem ich den nächstmöglichen Termin bekam, »ist Kortison. Oder sie versuchen es nochmals mit Protopic oder Elidel. Etwas anderes haben wir nicht.«

Ich schüttelte den Kopf. »Kommt nicht mehr in Frage«, sagte ich entschieden. Und war enttäuscht. Meine Hoffnung auf neue, unbedenklichere, aber effektive Wirkstoffe für die Behandlung der Neurodermitis hatte sich gerade mal wieder in Luft aufgelöst.

Der Arzt öffnete seinen Medikamentenschrank und suchte einige Proben von kosmetischen Lotionen und Salben zusammen. »Vielleicht ist da ja etwas dabei«, sagte er und reichte mir die Packungen. »Gerade die Cremes mit Urea sind ganz gut. Und Sie können es auch mit Schwarzteeumschlägen versuchen. Die Gerbsäure lindert Entzündungen.«

Das war's. Nichts Neues, kein Wundermittel. Dafür die altbewährten Schwarztee-Umschläge. Viele Neurodermitiker machen mit ihnen im akuten Schub tatsächlich gute Erfahrungen, ich hatte sie auch schon öfter ausprobiert. Unter dem Umschlag mit dem lauwarmen Tee war es immer ganz angenehm. Aber danach wurde mein Gesicht nur noch heißer und das Spannungsgefühl der Haut nahm extrem zu.

Pimecrolimus und Tacrolimus sind natürliche Produkte von Mikroorganismen (Pilzen), die zur Vorbeugung oder Behandlung nach einer Leber- oder Nierentransplantation entwickelt wurden.

Sie sollen die Abstoßung des neuen Organs verhindern. Den gleichen Wirkstoff gibt es in Salbenform für die Therapie der Neurodermitis.

Die Wirkstoffe Tacrolimus und Pimecrolimus wurden als Kortison-Alternative gefeiert. Inzwischen aber ist Ernüchterung eingetreten: Für die US-amerikanische Zulassungsbehörde FDA waren die Nebenwirkungen Grund genug für eine Warnung vor Hautkrebs, der durch Tacrolimus und Pimecrolimus entstehen könnte.

Die europäische Zulassungsbehörde EMEA schloss sich dieser Meinung nicht an. Das Bundesinstitut für Arzneimittel und Medizinprodukte empfahl dennoch, strenger auf die Anwendungsbeschränkungen zu achten. Zu denen unter anderem gehört, dass andere Therapiemethoden ausgereizt worden sein müssen, bevor Tacrolimus verschrieben wird.

Desillusioniert radelte ich von der Arztpraxis heim. Zuhause machte ich mir einen Tee, setzte mich aufs Sofa und fuhr mein Notebook hoch. Dann tippte ich »Spezialklinik Neukirchen« in die Google-Suchleiste ein.

Schon vor Jahren hatte ich etwas über diese Klinik gelesen und war beim Surfen in Neurodermitikerforen, wo ich bei den Expertinnen und Experten in Sachen Haut in letzter Zeit wieder das Wundermittel zu entdecken hoffte, auf sie gestoßen. Einen weiteren Klinikaufenthalt wollte ich eigentlich vermeiden, nachdem ich gerade vier Jahre zuvor auf Borkum war. Im Hochseeklima – ständig am Meer, mit Entspannung, UVA-Bestrahlungen und super Ernährung – erholte sich meine Haut wunderbar. Um sich nach einer Woche zuhause wieder rasant auf einen Schub zuzubewegen.

> *Die Vorstellung, dass ich nur eine Pause von der Neurodermitis hatte, aber danach wieder der neue Schub anrückte, ertrug ich nicht mehr. Ich wollte endlich die Hebel und Knöpfe für meine Neurodermitis finden, ich wollte wissen, was ich tun konnte, sollte oder musste, damit ich ihr nicht wieder und wieder ohnmächtig ausgeliefert war und ständig zu ihrer Gefangenen wurde.*

Das Therapiekonzept von Neukirchen beinhaltete ein umfassendes Diagnoseverfahren, das meinem Bedürfnis, endlich die Ursachen der Neurodermitis zu finden, absolut entgegenkam.

Man behandelte dort ohne Kortison, ganzheitlich und die Ernährung spielte eine zentrale Rolle im Genesungsprozess.

Ich ließ mir Infomaterial schicken und war hin- und hergerissen. Sollte ich mich wirklich anmelden? Die Klinikbewertungen im Internet reichten von »katastrophal« bis »der beste Ort für mich«.

Aber was hatte ich zu verlieren? Außer zum x-ten Mal die Hoffnung, dort den Schlüssel zu meiner Genesung zu finden.

Also rief ich in der Klinik an, um mich über das Aufnahmeverfahren zu informieren. »Bei uns ist erst in drei Monaten wieder ein Termin frei«, sagte mir die Dame am anderen Ende der Leitung. Halleluja, good news! Ging dieser Klinikkelch vielleicht doch noch an mir vorüber? Denn was konnte in drei Monaten nicht alles passieren, vielleicht erlebte ich ja endlich auch einmal eine dieser unbegreiflichen Spontanheilungen. Durch das Hanföl beispielsweise, das ich seit einigen Wochen

Im Internet gibt es inzwischen viele Portale, die Ärzte und Kliniken bewerten.

Ein Vorteil ist, dass man erfährt, wo es für andere bei der Therapie gehakt hat. Darin liegt aber gleichzeitig auch der Nachteil: Man lässt sich von Einzelmeinungen schnell beeinflussen. Ich bin mit der Strategie, meine eigenen Erfahrungen an den Orten zu machen, von denen ich glaubte, dass sie die richtigen Antworten für hatten, jedesmal gut gefahren. Man kann immer etwas Gutes aus einer Klinik mitnehmen, weil man in dieser Auszeit vom Alltag viel über sich selbst lernt. Und Menschen begegnet, die vielleicht einen weiteren wertvollen Impuls für den eigenen Genesungsweg haben.

einnahm. Oder durch das Weglassen von Äpfeln und Eiern, was ich seit Neuestem wieder probierte. Oder durch die Homöopathie. Keine Selbstmedikation diesmal, sondern bei einer erfahrenen Ärztin und mit fundierter Anamnese.

> *Aber was in den Monaten und Jahren davor nicht passiert war, trat auch in den folgenden Wochen nicht ein. Im Gegenteil, meine Haut wurde immer aufgeregter, ich immer nervöser und zwanghafter bei der Frage, was ich überhaupt noch essen sollte.*
> *Also packte ich die Koffer. Und checkte drei Monate später in die Spezialklinik Neukirchen beim Heiligen Blut im tiefen Bayerischen Wald ein.*

Testen, bis der Arzt kommt

Abgesehen davon, dass das Klinikgebäude im Vergleich zu denen, die ich bisher kennengelernt hatte, altmodisch wirkte und die Zimmer nüchtern wie in einem Krankenhaus eingerichtet waren, fühlte ich mich in Neukirchen zur richtigen Zeit am richtigen Ort. Ich hatte das gute Gefühl, dass man sich mithilfe der umfangreichen Diagnoseverfahren wirklich um das kümmerte, was in meinem Körper die permanenten Entzündungsprozesse auslöste, in Gang hielt und nicht zur Ruhe kommen ließ.

Wenn ich an die Klinik denke, sehe ich als Erstes die vermummten kleinen und großen Gestalten vor mir, die mit Kopfverbänden, in die Löcher für Augen, Mund und Nase geschnitten waren, in geringelten Shirts und pyjamaähnlichen Hosen über die langen Flure spazierten. Diese Kleidung stellte die Klinik für die Dauer des Aufenthalts zur Verfügung, damit die eigene vor den Salben, mit denen man sich dreimal täglich im Pflegezimmer eincremte und die sich teilweise nur schwer wieder rauswaschen ließ, geschützt wurde.

Im Flur vor dem Creme-Zimmer hingen liebevoll gestaltete »Vorher- und Nachher«-Collagen, auf denen Patienten ihren Genesungsprozess mit Fotos dokumentiert hatten. Erschütternde Hautzustände waren da teilweise zu sehen. Umso faszinierender dann die Bilder, auf denen die Haut nach Wochen oder sogar Monaten in der Klinik komplett geheilt war und die Gesichter vor Glück und Erleichterung strahlten.

Die Spezialklinik Neukirchen behandelt neben Neurodermitis auch Krankheiten wie Schuppenflechte, das Chronische Müdigkeitssyndrom (CFS), Allergisches Asthma, Akne und Autoimmunerkrankungen.

Die Klinik bietet ein umfangreiches, differenziertes und ganzheitliches Diagnose- und Therapieverfahren an, das allerdings eine große Bereitschaft der Patienten zum Mitmachen verlangt. Bei Neurodermitis wird vollständig auf Kortison verzichtet, dafür kommen Antibiotika und antiseptische Medikamente zum Einsatz. Neben täglichem Eincremen ist die Ernährung eine der tragenden Säulen der Therapie, die individuell für den Patienten nach dessen Testergebnissen und weiteren diagnostischen Verfahren zusammengestellt wird.

Der Ort Neukirchen ist klein und ruhig, er liegt an der Grenze zu Tschechien und bietet ideale Möglichkeiten für schöne Spaziergänge, kurze und längere Bergwanderungen und abwechslungsreiche Ausflüge.

Nach langer Zeit schöpfte ich wieder Hoffnung, dass auch bei mir mit diesem Konzept aus neuen Cremes, körperlicher Analyse und Ernährung alles gut werden würde.

Im Pflegezimmer waren immer auch Mütter mit Babys oder Kleinkindern, die keine einzige neurodermitisfreie Stelle am Körper hatten. Die Mütter lernten von den Schwestern, wie man die Salbenverbände richtig anlegte und die winzigen Hände fachgerecht in »Boxerhandschuhe« wickelte, damit sich die Kinder nicht blutig kratzen konnte. Die kleinen Jungs und Mädchen, die schon wussten, was ein Boxer ist, fanden das schick und liefen voller Stolz mit ihren weißen Fäustchen durch die Klinik.

> *Die zweijährige Amanda spielte nicht. Sie hatte, wie viele der ganz Kleinen dort, noch nie erlebt, wie sich eine Haut anfühlt, die nicht brennt, schmerzt und juckt. Der traurige, ernste Blick ihrer entzündeten Augen, ihre unendliche Geduld, aber manchmal auch hemmungslose Wut, mit der sie morgens, mittags und abends die Creme- und Verbandsprozeduren über sich ergehen ließ, haben sich tief in meine Erinnerung eingegraben.*

Ich bekam Zinkpasten, antibiotische und antiseptische Wirkstoffe verordnet, die jeweils in eine Creme- oder Salbengrundlage gemischt wurden. Der Klinik rechne ich hoch an, dass sie viele unterschiedliche Cremegrundlagen zum Ausprobieren anbot, damit jeder Patient für sich herausfinden konnte, womit er gut zurecht kam und was seine Haut gerade gar nicht mochte. Darunter waren auch teure Produkte auf basischer Grundlage, deren Kosten die Krankenkassen in der

Regel nicht übernehmen. Auch Wirkstoffe wie Hibiskus und Weihrauch, der eine entzündungshemmende Wirkung hat und den schon die alten Ägypter zum Desinfizieren verwendeten, wurden bei der Behandlung eingesetzt. Schwierig fand ich allerdings, dass auch in der Spezialklinik Neukirchen die meisten Cremes und Salben Parabene und Paraffin enthielten – Konservierungsstoffe und Mineralöl, die im Verdacht stehen, Allergien zu begünstigen und Neurodermitisschübe auszulösen.

Essen im Rhythmus

Die Mahlzeiten waren einfach, schmackhaft und morgens, mittags und abends eine Freude – wenn man frisches Gemüse und Obst schätzt, das so naturbelassen wie möglich zubereitet ist. Sie basierten auf der Rotationsdiät, einer alternativen Ernährungsmethode mit dem Ziel, Unverträglichkeiten zu heilen und neuen vorzubeugen.

Jeder Patient erarbeitete mit der Ernährungsberaterin der Klinik seinen individuellen Ernährungsplan, der dann anhand der Erfahrungen mit verzehrten Lebensmitteln und den Ergebnissen der Tests abgeglichen und durch die Beobachtungen der körperlichen Reaktionen ständig aktualisiert wurde.

Die Ergebnisse der Nahrungsmittelunverträglichkeitstests haben mich brennend interessiert. Ich konnte kaum erwarten, endlich schwarz auf weiß zu sehen, ob mein Körper tatsächlich mit bestimmten Lebensmitteln Probleme hatte. Falls ja, konnte ich sie in Zukunft meiden. Falls nicht, könnte ich endlich ich wieder mit gutem Gewissen all das essen, was ich bis dahin im Verdacht hatte, meiner Haut Schwierigkeiten zu bereiten, und was ich deshalb nicht mehr genießen konnte.

Die Rotationsdiät ist vor allem dann sinnvoll, wenn bereits feststeht, welche Nahrungsmittel man nicht verträgt oder Allergien auslösen. Aber sie eignet sich auch, um die auslösenden Substanzen zu finden.

Die verträglichen Lebensmittel werden im Rhythmus von 4 oder 7 Tagen verzehrt. Das heißt, das, was man heute isst, nimmt man erst wieder nach 4 oder 7 Tagen zu sich.
Allergien und Unverträglichkeiten belasten den Darm und das gesamte Immunsystem. Durch den Abstand der Nahrungsmittelaufnahme hat der Körper aber eine Chance, sich von diesen Belastungen zu erholen und das Immunsystem wieder zu stärken. Symptome und Beschwerden können so reduziert und zum Abklingen gebracht werden.

»Seitdem ich Sascha nur noch nach den Testergebnissen ernähre, hat sich seine Neurodermitis und Allergie extrem verbessert«, erzählte Irina, eine junge Mutter, beim Mittagessen im Speisesaal begeistert.

Elke, die schon zum zweiten Mal in der Klinik war und auch an unserem Tisch saß, nickte nachdenklich. »Bei mir kam im letzten Jahr raus«, berichtete sie, »dass ich Weizen nicht vertrage. Also bin ich auf Quinoa umgestiegen und habe alles, was es aus Quinoa gab, gekauft: Quinoa-Brot, Quinoa-Bratlinge, Quinoa-Müsli, Quinoa-Flocken und Quinoa-Waffeln. Ich aß es gepufft, gebacken, gekocht, gedämpft und gebraten. Mit dem Ergebnis, dass ich nun auf Quinoa reagiere. Und wieder von vorn herausfinden muss, was jetzt geht.«

Auch wenn mir völlig klar war, dass Testergebnisse immer nur ein Blitzlicht sind – mir gaben sie die Orientierung, die ich zu diesem Zeitpunkt so dringend brauchte. Mit meinen Resultaten in der Tasche hatte ich endlich wieder Anhaltspunkte, was ich essen konnte und was mir momentan nicht gut tat. Die ständige und so zermürbende Ratlosigkeit bei der Frage der Lebensmittelauswahl gehörte nun ein für allemal der Vergangenheit an. Und wenn ich mich an diese Ernährung, die mir schmeckte und mir auch von der Zubereitung her entsprach, hielt und meine Lieblingssüßigkeiten – so schwer es auch sein würde – nur noch selten, am besten gar nicht mehr aß, dann konnte doch jetzt wirklich endlich alles gut werden.

Ein Test ist immer nur eine Momentaufnahme. Unser Körper verändert sich ständig wie auch seine Bereitschaft, auf bestimmte Substanzen zu reagieren.

Ein Arzt hatte mir von einem Patienten berichtet, dem beim kleinsten Bissen Tomate sofort die Luftwege zuschwollen. Im Urlaub in Griechenland aß er versehentlich ein Stück Tomate und erschrak fürchterlich. Doch nichts passierte. Verwundert aß er noch ein Stück. Und auch diesmal blieb die erwartete Reaktion aus. Wofür es wissenschaftlich viele Erklärungen gibt: Im Urlaub sind Körper und Seele entspannt und haben eine gänzlich andere Toleranz, auf Allergene zu reagieren. Oder die Tomaten, die der Mann zu Hause aß, waren mit Pestiziden belastet. Oder es war eine andere Sorte. Oder ... oder ...

In Neukirchen hat mich überzeugt, wie konsequent die Klinik in der Umsetzung ihres Therapiekonzepts war. Und dass ich dort Dinge ausprobieren konnte, die mir im Alltag eher schwerfallen. Wie jeden Tag einen anderen hautunterstützenden Kräutertee zu trinken. Oder die nach dem Rotationsprinzip so kreativ zubereiteten Mahlzeiten zu genießen und deren beruhigende und stärkende Wirkung auf Körper und Seele zu spüren.

Vom Guten im Schlechten

In der Ruhe und Zurückgezogenheit der Klinik habe ich mich nach langer Zeit auch wieder damit auseinandergesetzt, welche Bedeutung die Neurodermitis für mich und mein Leben hatte.

Konnte die Haut vielleicht nicht heilen, weil ich unbewusst die Überzeugung hatte, dass sie mit mir und meinem Wesen verwachsen war? Und dies auch immer so bleiben würde?

Was ermöglichte sie mir, was ich mir auf anderen Wegen nicht holen konnte? Welchen Gewinn hatte ich durch sie?

So sehr ich mir die Neurodermitis im wahrsten Sinne des Wortes immer »vom Hals wünschte«, so sehr habe ich sie auch gebraucht. Denn durch sie habe ich mir Wünsche und Bedürfnisse erfüllen können, für deren Befriedigung ich keine andere Strategie hatte. Zum Beispiel in der Schule öfter mal die letzte Stunde sausen zu lassen. Weil es mir nicht gut ging, aber auch, weil ich keine Lust mehr hatte und wusste, dass die Lehrer nachsichtig mit mir waren. In der Oberstufe hatte ich sogar ein Sportattest, da meine Haut Schwitzen nicht vertrug. Die Freistunden aber vertrug ich wunderbar.

Mit Neurodermitis war es kein Problem, mich rauszuziehen oder schlechte Laune zu haben. Jeder hatte Verständnis. Ohne sie aber hätte ich nicht gewusst, wie ich das machen sollte.

Seit ich denken konnte, gehörte sie ja zu meinem System, ich wusste, wie ich mich unter ihrer Herrschaft zu verhalten hatte und musste keine anderen Methoden im Umgang mit mir entwickeln.

Mir die Vorteile vor Augen zu führen, die ich durch die Neurodermitis jahrzehntelang genossen hatte, war eine Sache. Aber zu sehen, wie ich sie auch ganz gezielt dazu eingesetzt habe, um mir einen Nutzen zu verschaffen, eine andere. Da musste ich doch einige Male ganz schön schlucken.

Im Laufe der letzten Jahre hatte ich zwar gelernt, mich besser abgrenzen und deutlich zu sagen, was ich wollte und was nicht. Und auch dazu stehen. Ich konnte inzwischen Dinge, mit denen ich mich unwohl fühlte, erkennen und ansprechen. Das musste meine Haut nicht mehr für mich übernehmen.

Aber trotzdem hatte die Neurodermitis noch wichtige Aufgaben. Je heftiger sie war, umso mehr kümmerte ich mich um mich, gönnte mir Ruhe und horchte aufmerksam in mich hinein um herauszufinden, was ich brauchte. Sie ließ mir dann ja auch keine andere Wahl.

Doch auch in gesunden Zeiten für mich zu sorgen und meine Bedürfnisse so zu stillen, dass es mir einerseits gut ging, ich aber andererseits auch mal auf deren Erfüllung verzichten konnte – wenn zum Beispiel etwas so Wichtiges wie Gemeinschaft mit anderen den Verzicht auf Rückzug verlangte – das war eine echte Herausforderung. Die ich oft nicht gut meisterte und wo noch viel Arbeit vor mir lag.

Als Krankheitsgewinn bezeichnet man die objektiven und subjektiven Vorteile, die man aus der eigenen Krankheit zieht.

So kann man unangenehmen Situationen wie Prüfungen oder Terminen, bei denen es zu Schwierigkeiten oder Konflikten kommen kann, aus dem Weg gehen. Weil man im Bett liegt und der Körper Ruhe braucht. Es kann aber auch die Ruhe an sich sein, die man nun gezwungenermaßen in Anspruch nehmen muss und sich sonst nicht gönnt. Krankheitsgewinn kann ebenso darin liegen, dass man von seiner Umgebung plötzlich die Aufmerksamkeit, Beachtung oder Unterstützung erhält, die man im gesunden Zustand vermisst.

Häufig ist der Krankheitsgewinn ein unbewusster Vorgang. Wenn man gesund werden möchte, aber den Verdacht hat, seine Krankheit auch zu brauchen, kann die ehrliche Auseinandersetzung mit deren Vorteilen ein wesentlicher Beitrag zu Genesung sein.

Ende gut, alles gut?

Am Ende von drei Wochen Spezialklinik Neukirchen fühlte ich mich so gut und sah so erholt aus wie schon ewig nicht mehr. Wieder reicher an Erfahrungen, Hoffnung, Energie und mit einer großen Tasche voller Cremes und Salben reiste ich nach Hause.

Doch auch mit Rotationsdiät, mit Verzicht auf Gluten – wegen des hohen Allergiepotenzials –, auf Kaffee – wegen der Säure, der vielen Bitter- und Reizstoffe und des Koffeins –, und schließlich sogar auf Reiswaffeln – wegen ihres hohen Arsen- und Acrylamidgehalts – die Neurodermitis schlich sich wieder an. Die vertrauten Stellen um den Mund britzelten erst leicht, fast unmerklich, flimmerten dann stärker, brannten schließlich, wurden rot und entzündeten sich. Mit den Salben aus Neukirchen ließ sich der Schub zwar noch ein wenig kontrollieren und ich schmierte mich nacheinander wieder durch mein komplettes Tiegel- und Töpfchenspektrum. Aber nach vier Wochen wirkte nichts mehr.

Ich war fassungslos.

Meine letzten großen Hoffnungen, die Ernährung und die neuen Salben und Cremes, funktionierten nicht mehr. Die Neurodermitis zeigte einmal mehr, dass sie sich nicht kontrollieren, geschweige denn heilen ließ. Und mein altes Trauma, ihrer Willkür und erbarmungslosen Herrschaft erneut ohnmächtig ausgeliefert zu sein, brach mit aller Macht wieder auf.

Aus heutiger Sicht sage ich: Wie gut, dass es so gekommen ist. Denn sonst würde ich mich jetzt vielleicht nicht so wohl fühlen und nicht so viel gesunde Energie haben. Und hätte das folgende Kapitel bestimmt nicht schreiben können.

* * *

Kapitel 3
Ich bin dann mal die Haut retten

Ich weiß nicht, ob es besser wird, wenn es anders wird. Aber es muss anders werden, wenn es besser werden soll.
Georg Christoph Lichtenberg

In den nächsten Wochen schaffte ich mit Ach und Krach mein Tagespensum. Die Salben aus Neukirchen, ob reine Pflege oder mit Wirkstoffen, probierte ich im Abstand von einigen Tagen wieder und wieder. Aber meine Haut wollte sie nicht mehr. Auch die einst so zuverlässige und bewährte Bepanthen bot ich ihr erneut an. Doch auch hier war nichts zu machen. Ich versuchte zum x-ten Mal alles, was in meiner Cremeschublade lag und was Drogeriemärkte und Apotheken im Angebot hatten: Salbe nach Salbe, Creme nach Creme, Lotion nach Lotion.

Aber nichts gab mir auch nur ansatzweise das Gefühl, dass meine Haut sich entspannte. Im Gegenteil: Das ständige Ausprobieren neuer Cremes irritierte sie nur noch mehr.

Cremen half nicht, doch ohne Salben war es auch nicht auszuhalten. Ich wusste überhaupt nicht mehr, wie ich mit mir umgehen, was ich noch essen sollte. Ob ich auf Zucker, Getreide, Milch, Käse und Kefir, Äpfel, Eier, grünen Tee, Kaffee und Reiswaffeln verzichtete oder nicht – es machte keinen Unterschied.

Es war wieder zum Aus-der-Haut-Fahren.

Auf Madagaskar gibt es den Fischschuppengecko, eine Gecko-Art, die ihre Haut abwerfen kann, wenn sie angegriffen wird. Sein Schuppenkleid löst sich dann vollständig vom Körper, der Gecko fährt buchstäblich aus seiner Haut und entwischt. Danach regenerieren sich Haut und Schuppen wieder sehr schnell. Nicht, dass ich mit einem Gecko tauschen wollte. Aber dieser Mechanismus ... beneidenswert.

Ich reduzierte meine beruflichen und privaten Termine auf das Nötigste. Die Ruhe war zwar erleichternd, sie bewirkte aber keine Veränderung der Haut. Verzweifelt recherchierte ich im Internet erneut nach passenden, vielversprechenden homöopathischen Mitteln und streifte wieder durch die Chats der Neurodermitiker-Foren. Möglicherweise hatte ihn inzwischen ja tatsächlich einmal jemand gefunden, den »Heiligen Gral« der Heilung?

★★★

Doch noch ein Wunder?

Vor Weihnachten fuhr ich nach München und bestellte dort am 22. Dezember vormittags in einer Apotheke eine neue Creme. Ich hatte sie auf der Zugfahrt in einer Anzeige entdeckt und wieder neue Hoffnung geschöpft. Als ich die Creme mit Vorkasse kaufte, erzählte die Apothekerin von einer Stammkundin, die auch extrem unter Neurodermitis gelitten hatte, deren Haut aber inzwischen dank dieser Salbe wunderbar sei.

Ich hörte es nur zu gern. Vielleicht gab es für mich dieses Jahr ja doch noch ein Weihnachtswunder?

Ich wünschte mir nichts mehr, als an den Festtagen eine Pause davon zu haben, dass alles immer nur zähes, schwieriges Aushalten war. Mal wieder die Lust auf ein Treffen mit Freunden zu spüren und die Süße des Lebens in Form von Weihnachtskeksen und Stollen zu genießen. Mich einfach mal wieder wohlfühlen. Oder wenigstens ein bisschen besser. Nur ein kleines, ein klitzekleines bisschen besser.

Voller Hoffnung und freudiger Erwartung holte ich am Nachmittag die Creme in der Apotheke ab, wünschte Frohe Weihnachten und eilte hinaus. Noch auf dem Bürgersteig drehte ich die Tube auf. Die Creme roch gut und hatte einen angenehm fettigen Schmierfaktor, als ich sie auf dem Handrücken ausprobierte. Nichts passierte. Sehr gut. Aber auch nicht weiter verwunderlich, da meine Haut an den Händen gerade prima war und dort meistens sowieso nicht sofort reagierte. Also trug ich eine winzige Cremeerbse unter der rechten Wange auf. Was ich kurz danach spürte, reichte, um hektisch die Wasserflasche aus der Tasche zu ziehen und die Creme panisch abzuwaschen.

Die Stelle auf der Wange brannte noch immer scharf, als ich schon längst wieder auf unserem Sofa saß und begriff, was vor einigen Minuten auf dem Bürgersteig passiert war: Meine Hoffnung, an diesem Weihnachten vielleicht ja doch »hautfrei« zu haben, war einmal mehr wie eine Seifenblase zerplatzt.

Schon einmal von der Stewardessen-Krankheit, auch periorale Dermatitis oder Mundrose genannt, gehört?

Das ist eine Entzündung, die ringartig um den Mund herum auftritt. Die Haut wird dort trockener und schuppig, sie spannt, bildet Pickel und rote Knötchen.

Ein Grund dafür ist zu viel Pflege. Für Betroffene aber erscheint es nur logisch, noch mehr Cremes und Kosmetika zu verwenden, um den Feuchtigkeits- und Fetthaushalt der Haut aufzubessern. Langfristig verschlimmert dies die Symptome jedoch, da die Hautzellen in eine Art Abhängigkeit geraten oder durch das ständige Auftragen der Produkte sogar eine Allergie gegen einen der Inhaltstoffe entwickeln.

Dass dieses Ekzem auftreten kann, wenn man Kosmetikprodukte häufig wechselt oder dauernd Neues ausprobiert, ist wissenschaftlich belegt. Als Stewardessen-Krankheit ist die periorale Dermatitis bekannt geworden, da Flugbegleiterinnen der Prototyp für diese Hautkrankheit sind – weil ein gepflegtes Erscheinungsbild zu ihrem Beruf gehört, sie in Duty-Free-Shops leicht mit vielen Kosmetikartikeln in Kontakt kommen und ständig Neues ausprobieren können. Die trockene Luft im Flugzeug führt ebenfalls zu dem Bedürfnis, sich permanent eincremen zu wollen.

Aber natürlich kann die periorale Dermatitis jeden treffen, der Freude und Spaß an Kosmetik, Hautpflege und am Ausprobieren hat.

★ ★ ★

Alles auf null

Draußen fing es an zu dämmern. Ich starrte in die Bäume, deren Umrisse gerade noch zu erkennen waren. »Je größer die Erwartung, umso tiefer die Fallhöhe«, ratterte es gebetsmühlenartig durch meinem Kopf.

Ich fiel gerade wieder ganz tief.

Von der Zeit in und kurz nach Neukirchen einmal abgesehen, hatte ich nun wieder seit über einem Jahr keine entspannte Haut mehr. Die Jahre davor ging es mir zwar immer mal besser, aber nie wirklich gut. Was nur war es, das diese Entzündung aufrecht erhielt? Was machte ich falsch?

Ich tat doch, was ich konnte! Ich legte Wert auf das richtige Maß zwischen An- und Entspannung. Ich hatte mich beruflich neu orientiert und aufgestellt. Natürlich, das war eine große Herausforderung, die auch Stress mit sich brachte. Aber es fühlte sich richtig und gut an. Die Arbeit mit den Menschen beim Coaching, in Seminaren und Workshops machte mir Spaß und das Schreiben von Büchern sowieso.

Ich meditierte, war in einer glücklichen Beziehung und achtete darauf, dass meine inneren Bilder und Gedanken möglichst positiv und stärkend waren.

Warum aber gab es seit Jahren – wenn überhaupt – immer nur eine kurze Zeit des Aufatmens, die viel zu knapp war, als dass die Haut sich hätte wirklich erholen und heilen können?

Als kleines Mädchen hatte ich Neurodermitis, ohne dass ich Kaffee trank oder Schokolade und anderen Süßkram in mich hineingestopft hätte. Dafür aß ich Orangen, Mandarinen und Zitronen oder Gerichte, die schärfer gewürzt waren. Alles Dinge, die ich heute konsequent meide. Aber egal, ob ich als Kind gerade Ekzem hatte oder nicht – die Haut wurde eingecremt. Weil sie nach dem Rat der Ärzte immer gut versorgt sein musste. Von klein auf schmierte ich Tag für Tag, Monat für Monat und Jahr für Jahr Salbe auf meine Haut wie Butter auf ein Butterbrot. Bis auf die Zeit in Lahnstein. Sechs Wochen ohne Cremes, in denen sich die Haut am ganzen Körper komplett erholt hatte.

Ich stutzte. Hing die Dauerentzündung im Gesicht vielleicht doch mit der jahrzehntelangen Einschmiererei zusammen?

Ich hatte im Sommer schon einmal diesen Verdacht gehabt und versucht, ohne Creme auszukommen. Statt ruhiger wurde die Haut stündlich verrückter. Ich quälte mich durch sechs unendliche Tage, dann gab ich auf. Als ich dann zum ersten Mal wieder schmierte, war es, als hätte ich kurz vor dem Verdursten Wasser bekommen: die totale Erlösung! Wenn meine Haut so sehr nach Creme verlangte, dann konnte es doch nicht richtig sein, sie ihr vorzuenthalten, oder? Ich erklärte diesen Therapieversuch also für gescheitert.

Der Moment der Erleichterung aber währte nur kurz. Die Haut begann schon kurz nach dem ersten Einfetten wieder zu brennen und ich tat, was ich in solchen Situationen immer schon getan hatte – ich schmierte erneut und immer weiter.

Aber in Lahnstein? Dort habe ich drei lange Wochen in der quälenden Trockenheit der Hautwüste ausgehalten. Dann zeigte sich die erste gesunde Hautstelle im Nacken. Seitdem cremte ich meinen Körper überhaupt nicht mehr. Nur die Unterschenkel, wo die Haut manchmal sehr trocken war, rieb ich alle paar Wochen mit einer leichten Lotion ein. Bis diese dort auch zu Juckreiz führte und ich seitdem in größeren zeitlichen Abständen ein wenig Hanföl verwende.

Draußen war es inzwischen dunkel geworden, die Umrisse der Bäume waren nicht mehr zu erkennen. Ich zündete eine Kerze an und sah in den Kerzenschein.

Plötzlich fiel mir mein Konfirmationsspruch ein: »Gehet ein durch die enge Pforte. Denn die Pforte ist weit und der Weg ist breit, der zur Verdammnis führt und ihrer sind viele, die auf ihm wandeln. Und die Pforte ist eng und der Weg ist schmal, der zum Leben führt. Und wenige sind ihrer, die ihn finden.«

Unsere Haut ist an den verschiedenen Körperpartien immer anders beschaffen und hat daher auch überall unterschiedliche Bedürfnisse.

Die Beine haben eine andere Hautqualität als das Gesicht. Im Vergleich zur Haut am Körper ist unsere Gesichtshaut besonders dünn und empfindlich, die Haut an den Augenliedern ist die dünnste.

Auch die Haut am Handrücken ist extrem dünn, weil sie kaum Fettgewebe besitzt. Dagegen enthält die Haut an den Handinnenflächen und Fußsohlen viel Fett- und Bindegewebe und ist mit einer robusten dicken Hornschicht bedeckt. Weshalb sie dort auch am dicksten ist.

Da unsere Haut so unterschiedlich ist, hat sie auch vielfältige Bedürfnisse und reagiert überall anders. So kann sich eine Creme, die im Gesicht unangenehm ist, am Körper gut anfühlen. Und eine Lotion, die an den Armen oder Beinen angenehm ist, brennt im Gesicht oder löst dort Rötungen und Spannungsgefühle aus.

Es wird eng

Ich bin in meinem Leben viele breite und bequeme Wege gegangen. Mein Konfirmationsspruch mahnte mich dann – wenn ich mich an ihn erinnerte – worum es gerade wirklich ging. Er hat mir schon manch unbequeme und unangenehme Wahrheit über mich und meine Art der Lebensgestaltung vor Augen geführt.

War das Cremen nicht auch ein breiter Weg? Und der Verzicht auf dieses Hilfsmittel das Nadelöhr, die enge Pforte, die zur heilen Haut und wieder zum Leben führte?

Was seit langer Zeit am Hals und am gesamten Körper funktionierte – warum sollte es im Gesicht nicht klappen?

Vielleicht war die Woche Creme-Abstinenz im Sommer einfach nur viel zu kurz gewesen? Jahrzehntelang habe ich kiloweise Mineralöl, Weichmacher und Konservierungsstoffe über die Poren meiner Gesichtshaut in mein Körpersystem gebracht. Wahrscheinlich brauchte es einfach sehr viel länger, um davon zu regenerieren.

Sollte ich es noch einmal ganz ohne Cremes versuchen?

Und dann – egal was passieren würde – so lange durchhalten, bis ich merkte, dass sich die Haut wirklich zu erholen begann? Wie damals in Lahnstein?

Vor mir lagen zwei freie Weihnachtswochen. Ich musste niemanden treffen, niemand musste mich sehen, wenn die Haut wieder komplett ausflippen würde. Nur mein Lebensmensch. Und der würde mir alle Unterstützung und Ermutigung geben, die ich für diese zweite große Wanderung durch das Niemandsland der Hautwüste brauchte.

Ja. Ich wollte es tun. Meine Haut sollte erneut die Chance bekommen, komplett ohne Cremes gesund zu werden. Selbst das Hintertürchen »Olivenpaste« sollte es diesmal nicht geben.

Ich stand vom Sofa auf, löschte die Kerze und knipste das Licht an. Dann holte ich aus der Küche eine Tüte und sammelte alle Salbentuben und Cremedosen, die überall in den Zimmern, im Flur, im Bad und neben dem Bett verstreut lagen, zusammen und verstaute sie in der untersten Schublade meiner Kommode.

Das war am 22. Dezember spätnachmittags. Am Abend spannte die Haut so extrem, dass ich nichts lieber getan hätte, als die erstbeste Creme wieder aus der Tüte zu holen und zu schmieren. Aber ich ließ es sein, ging spazieren und hielt aus, dass sich die Haut von Stunde zu Stunde heißer und gespannter anfühlte. Sie rebellierte schon, aber ich wollte ihrem Verlangen nicht nachgeben. In den nächsten zwei Wochen sollte sie sich wieder auf ihre eigene Kraft und Stärke besinnen. Und außer der Hoffnung, dass dieser Weg auch nicht zur Rettung meiner Haut führen würde, hatte ich mal wieder nichts zu verlieren.

Der nächste Morgen war ein furchtbares Erwachen. Mein Gesicht fühlte sich an, als würde es kochen. Es war glühend heiß, pulsierte und war so geschwollen, dass ich kaum aus den Augen sehen konnte.

Vorsichtig wusch ich mich, machte kühlende Umschläge und putzte die Zähne so, dass möglichst wenig Wasser an die Haut kam. Ich wollte alles vermeiden, was sie stören konnte.

Einige Stellen im Gesicht wurden trotzdem nass. Behutsam tupfte ich sie trocken, damit ich den kostbaren Talg, der sich vielleicht schon langsam bildete, nicht gleich wieder mit dem Handtuch abrieb.

Der 24. Dezember kam. Meine Haut glühte und brannte, sie flehte und bettelte nach Creme. Mehrmals war ich nah dran aufzugeben, zur Kommode zu laufen und zur Tube zu greifen. Ich tat es nicht. Was ich aber nur schaffte, weil ich mit meiner wildgewordenen Haut nicht alleine war.

Wir fuhren in den Heiligabend-Gottesdienst, gingen viel spazieren und machten es uns über die Feiertage gemütlich. So gemütlich, wie ich es mir in meinem lichterloh brennenden Hautgefängnis machen konnte. Ich klammerte mich an den Gedanken, dass es so nicht ewig weitergehen würde. Dass diese heftige Zeit, wie Weihnachten seiner Bedeutung nach auch, mein Neuanfang war und ich bald sehen würde, wie richtig es war, was ich hier machte. Zum Glück musste ich diesmal keinen Kortisonentzug, sondern nur die Entwöhnung von den Schmierstoffen durchstehen. Aber das reichte völlig.

Und dass die Haut rebellierte – na klar! Wenn sie plötzlich ihren »Stoff«, auf den sie sich jahrzehntelang hundertprozentig verlassen konnte, nicht mehr kriegte. Sie war süchtig. Ein Fett-Junkie. Und ich, ihr Dealer, hatte die Lieferung gekündigt.

> *Wenn meine Haut erst einmal merkte, dass die Versorgung von außen tatsächlich nicht mehr da war, würde sie überlegen, wie sie zu dem kam, was sie so dringend brauchte: Fett und Feuchtigkeit. Sie würde sich auf ihre Ressourcen besinnen und die alten Maschinen ihrer Fettfabrik wieder in Gang bringen. Die waren in Jahren der Untätigkeit wahrscheinlich völlig verstaubt und eingerostet. Aber es gab sie und sie funktionierten noch. Das hatten sie ja schon einmal bewiesen.*

Austrocknen

Im Laufe der nächsten zwei Wochen sank die Temperatur der Haut ein wenig und die Maskenzeit begann. Das beklemmende Gefühl, als würde eine dicke Schicht heißer Erde auf dem Gesicht trocknen und anwachsen. Ständig hatte ich das Verlangen, diesen klebrigen Belag, der sich so fremd, hart und schmutzig anfühlte, abzuwaschen.

Die Region um den Mund wurde taub, sie fühlte sich wie nach eine Spritze beim Zahnarzt an. Die Lippen trockneten so sehr aus, dass sie weiß und schrumpelig aussahen und bei jeder Bewegung einrissen. Einige Tage konnte ich den Mund kaum öffnen, was das Essen schwierig machte. Also schlürfte ich feinpürierte Suppen und Smoothies aus den Gemüse- und Obstsorten meines Vertrauens durch den Strohhalm.

Wird die Haut durch zu viel Creme faul?

Die einen Experten sagen Ja, die anderen Nein. Aber es gibt nur wenige Studien zu dieser Frage. Forscher der Universität Kopenhagen meinen, dass die Schutzbarriere der Haut leidet, wenn man über einen langen Zeitraum ständig cremt und die Haut sogar noch mehr Wasser aus dem Körper verliert. Weil die Hornschicht durch Feuchtigkeitscreme aufquillt und mehr Wasser nach außen durchlässt.

Doch endgültig geklärt ist dieses Thema noch nicht. Das Beste ist daher, selbst sensibel darauf zu achten, wie sich die eigene Haut anfühlt und reagiert.

»Wahnsinn«, staunte mein Lebensmensch nach einer Woche, als ich mich mit Maskengesicht, Fruchtshake und Strohhalm an den Frühstückstisch setzte. »Du hast jetzt schon eine ganz andere Ausstrahlung!«

»Wirklich?«, fragte ich skeptisch.

»Ja. Viel lebendiger. Und irgendwie auch gesünder.«

Nach acht Tagen wurde die Haut, die nach wie vor wie eine eingetrocknete, schwere Lehmmaske auf dem Gesicht klebte, an einigen Stellen blasser und begann zu schuppen. Das Bindehautentzündungsgefühl, das die letzten Monate trotz Tropfen ständig in den Augen lag, wurde besser und verschwand allmählich. Mit dem Stopp der Cremerei hatte ich auch die Augentropfen abgesetzt, die ich bis dahin täglich genommen hatte und das Fläschchen zu den Cremes und Salben in die Schublade verfrachtet.

> *10. Tag: Um den Mund herum immer noch extreme Spannungen und dieses seltsame Taubheitsgefühl. Die Lippen sind so trocken wie Papier. Aber die Rötung zwischen Mund und Nase ist nicht mehr da, die Schuppung nimmt ab. Unter den Kieferknochen ist die Haut inzwischen glatt und weich. Und überhaupt kein Juckreiz mehr!*

Sollte ich vielleicht auch wieder wie in Lahnstein dauerduschen? Doch ich hatte das Münchener Wasser im Verdacht, dass es der Haut wegen seiner Härte nicht gut tat. Also lieber keine Dauerduschen. Da mich das Thema Wasserqualität aber schon länger interessierte, sah ich mir die Trinkwasseranalysen der Städte an, in denen ich gelebt hatte.

Warum erkranken Babys im Süden Englands häufiger an Neurodermitis als im Norden?

Grund dafür scheint der Kalkgehalt des Wassers zu sein. Denn es gibt Anzeichen, dass die Wasserhärte, der Kalkgehalt im Leitungswasser, die Hautbarriere beeinflusst. Der Haut von Neurodermitikern fehlt diese Barrierefunktion teilweise. Daher produziert sie oft weniger Schweiß und Talg. Zusätzlich zeigen viele Betroffene eine Mutation am Filaggrin-(FLG-)Gen, das für die Verhornung der Hautzellen zuständig ist.

Wissenschaftler am King's College in London untersuchten 1.300 drei Monate alte Säuglinge auf Symptome einer Neurodermitis. Um die Hautbarrierefunktion zu beurteilen, maßen sie bei den Testpersonen den »transepidermal water loss« (TEWL), ein Indikator, der den Wasserverlust über die äußerste Hautschicht wiedergibt. Zugleich wollten die Forscher wissen, wie oft die Babys gebadet wurden, und ermittelten die Wasserhärte des Badewassers. Die Ergebnisse zeigten, dass Säuglinge in Haushalten mit hoher Wasserhärte ein um 87 Prozent erhöhtes Risiko hatten, an Neurodermitis zu erkranken. Außerdem ergab sich ein deutliches Nord-Süd-Gefälle, da das Wasser in Südengland härter ist als im Norden. Besonders gefährdet scheinen Kinder mit mutiertem Filaggrin-Gen sein.

Geforscht wird nun, ob das Neurodermitis-Risiko direkt vom Kalkgehalt des Wassers ausgeht oder ob auch Faktoren wie der der pH-Wert, der den Säuregrad einer Flüssigkeit misst und ebenfalls vom Kalkgehalt des Wassers abhängt, eine Rolle spielen.

Am Niederrhein, wo ich aufwuchs, war das Wasser weich. In Köln, meiner Studentenstadt, hart. In München auch. In Frankfurt ist es weich gewesen und im Hamburger Stadtteil Winterhude, in dem ich lange wohnte, mittelhart.

Der Härtegrad des Leitungswassers ließ sich auch immer schon daran erkennen, wie oft ich den Wasserkocher entkalken musste. In München konnte man das alle drei Tage machen. Dass Lahnstein jedoch auch hartes Wasser hatte, überraschte mich. Vielleicht aber war der Reiz, den die Hydrotherapie auf die Haut ausübte, so stark, dass er meine angegriffene Haut dazu brachte, wirklich all ihre Heilungskräfte zu mobilisieren. Und sogar unter extremen Bedingungen, die hartes Wasser für Neurodermitis immer bedeutet, wieder eine stabile Hautbarriere aufzubauen.

★★★

Nochmal von vorn

Als ich nach zwei Wochen Weihnachtspause wieder nach Hause fuhr, war das Gesicht zwar noch sehr warm und gerötet, aber die lodernde Hitze war gelöscht. Und das Entzündungsgefühl der Augen war komplett verschwunden.

Die Haut war rissig, schuppig und brüchig, an manchen Stellen sah sie wie Pergament aus. Trotzdem genoss ich die Rückfahrt in einem Zugabteil mit staubtrockener Heizungsluft und zu meiner eigenen Überraschung machte es mir diesmal kaum etwas aus, wenn mich Mitreisende ansahen. Wie anders war ich vor über zwei Wochen nach München gereist!

Allein für dieses entspannte Gefühl auf meinem Abteilsitzplatz hatte sich der steinige Weg der letzten 14 Tage gelohnt. Aber nicht nur dafür. Meine Haut hatte sich verändert, ich konnte es nicht nur fühlen, sondern auch sehen. Denn inzwischen wagte ich täglich den Blick in den Spiegel und sah dort klitzekleine, winzige Heilungsschritte, die mich enorm motivierten, den Weg ohne Cremes weiterzugehen.

Zuhause ging der Alltag wieder los. Ein Umzug und eine Wohnungsrenovierung standen an, die beruflichen Themen wollten organisiert, Buchprojekte pünktlich fertiggestellt werden. Erst jetzt merkte ich, wie wenig Energie ich wirklich hatte und wie empfindlich mein Zustand noch war. Das hatte ich während der Zurückgezogenheit und Ruhe um Weihnachten und in der Euphorie der Rückreise unterschätzt.

Zwar war die Hitze weg, aber das Lehmmaskengefühl, das Tag und Nacht im Gesicht steckte, war auf seine Art ähnlich zermürbend wie die heiße Haut. Außerdem sahen Mundpartie und Lippen immer noch wild aus. Und wo sie nicht taub waren, fühlten sie sich wund und verletzt an.

Nach einem beruflichen Termin an einem düsteren und kalten Regentag fühlte ich mich so kraftlos und hungrig, dass ich mir eine türkische Pizza kaufte. Normalerweise hatte ich immer etwas zu essen dabei. Aber dieses Mal nicht, weil ich dachte, dass ich früher wieder zu Hause sein würde.

Mir war klar, dass die Pizza gewürz- und anbeißtechnisch im Augenblick nicht gerade das ideale Essen war. Aber allein der Gedanke, einmal wieder etwas anderes als püriertes Gemüse zu schlürfen, ließ mir das Wasser im Munde zusammenlaufen.

Ich eilte in die nächste Apotheke und kaufte mir eine kleine Tube Bepanthen. Für die Mundwinkel, damit ich den Mund ein wenig weiter öffnen konnte, wenn ich gleich diese Köstlichkeit in den Händen hielt.

Aufgeregt öffnete ich die Schachtel und das schlechte Gewissen meldete sich im selben Moment, in dem ich die Tube aufdrehte. Aber ich cremte ja nur einmal, nur jetzt ... das konnte doch nicht so schlimm sein!

Als die Creme meine Mundwinkel berührte, war es sofort wieder da – dieses unbeschreibliche Gefühl aus Erleichterung, Wohltat und Erlösung.

Ich genoss jeden Bissen der Pizza. Und selbst wenn es nur diese beiden Ministellen im Gesicht waren, die sich entspannten – für mich tat sich gerade eine neue Welt mit einem längst vergessenen Lebensgefühl auf. So also konnte Alltag, in dem man seine Dinge erledigte und dann irgendwo spontan aß, auch sein!

Es dauerte keine halbe Stunde, bis die Haut wieder nach Creme verlangte.

Und was machte ich? Ich holte die Bepanthen wieder aus der Manteltasche und schmierte. Um es abzukürzen: Ich geriet schneller wieder in den Cremesog als ich denken konnte. Die Bepanthen wirkte nur kurz, ich probierte wieder alle Salben nacheinander durch, die ich noch zuhause hatte, und sah nach einer Woche genauso aus wie vor Weihnachten. Nur mit dem Unterschied, dass ich mich viel, viel schlechter fühlte. Weil ich die Genesung der Haut, für die ich in den letzten Wochen so viel ausgehalten hatte, durch den leichtfertigen und bequemen Griff zur Cremetube im Nu vernichtet hatte.

Weitergehen!

So schlimm dieser Cremerückfall war – ich hatte in den zurückliegenden drei Wochen erlebt, dass sich der Zustand der Haut tatsächlich verbesserte. Und dass der Weg ohne Cremes und Salben, mochte er noch so beschwerlich und langwierig sein, in die richtige Richtung führte. Auch wenn ich nicht wusste, ob und – wenn ja – wann ich im Land der heilen Haut ankommen würde, wollte ich die Reise unbedingt fortsetzen.

Also sammelte ich am 25. Januar erneut alle Cremes ein, verstaute sie in einem Karton und brachte sie auf den Dachboden.

Seit diesem Tag ist meine Haut im Gesicht weder mit einer Fettcreme, Creme, Salbe, Lotion oder einem Öl in Berührung gekommen. Auch wenn Wochen folgten, in denen ich immer wieder an die Grenze dessen kam, was ich aushalten wollte und gerade noch ertragen konnte – der Karton auf dem Dachboden war tabu und die Cremeregale der Drogeriemärkte No-go-Areas.

Das Äußerliche war eine Sache. Mein Gesicht wirkte mit den vielen Schuppen und der trockenen Haut komplett ungepflegt. Was es ja auch war, setzt man Pflegen mit Cremen gleich. Viel schlimmer aber empfand ich es, mit diesem permanenten Gefühl von getrockneter Erde auf der Haut zu leben, zu dem inzwischen noch ein säuerliches Brennen gekommen war. Das ging jetzt wirklich an die Substanz. Ich wollte diese Maske nur noch loswerden, sie abziehen oder endlich bis zur letzten Schicht abwaschen.

Nachdem ich zu Beginn des Austrocknens Wasser im Gesicht so gut wie möglich vermieden hatte – außer natürlich, um die Augen zu waschen und die Zähne zu putzen –, waren die zwei Hände voll am Morgen, in die ich mein Gesicht jetzt tauchte, die einzigen Momente des Tages, dic sich normal anfühlten. Nach dem Trockentupfen war es mit dem entspannten Gefühl dann aber auch schon wieder vorbei.

Ich arbeitete in dieser Zeit überwiegend zuhause und es stellte sich nicht einmal die Frage, ob ich mir die Ruhe geben müsste, die mein Körper für seine enormen Hautreparatur- und Hautaufbauarbeiten jetzt benötige. Und mir auch seelisch die Zeit zu nehmen, die ich brauchte, um die Neurodermitis gehen zu lassen. Ich schrieb ihr einen Brief, in dem ich ihr für alles dankte, was sie für mich getan hatte. Sie hatte dafür gesorgt, dass ich Ruhe und Rückzug hatte, sie hatte als Entschuldigung für vieles herhalten müssen, was ich nur ungern machte. Und sie hat mir ermöglicht, meine Stärken zu entwickeln: fest an etwas zu glauben, mich hinter etwas zu klemmen, improvisieren zu können und Lebensfreude zu genießen. Vor allem aber verdankte ich ihr ein immenses Gefühlsspektrum. Ob ins finstere Tal der Verzweiflung oder auf den Gipfel des Friedens, der größer ist als alle Vernunft – überall hatte sie mich schon hingeführt.

Ich versprach der Neurodermitis, dass ich mich in Zukunft auch ohne ihr Zutun um meine Bedürfnisse kümmern würde. Und falls ich es nicht tat, durfte sie mich gern daran erinnern. Ich versprach ihr auch, sie dafür dann nicht zu verurteilen, sondern die Hautreaktion als Signal zu verstehen, früher und besser auf mich aufzupassen.

Häutung

Ich fühlte mich wie eine Schlange, die sich häutet. Eigentlich ein gutes Zeichen, weil unter der abschilfernden Haut die neue zum Vorschein kommt, im besten Fall die gesunde. Aber jedes Mal, wenn eine Schuppenschicht abgetragen war, war die neue Haut darunter immer noch rot und heiß.

Es dauerte einige Wochen und mehrere Häutungsdurchgänge, bis endlich blassere Haut sichtbar wurde. Die zwar sehr trocken, aber eben – und das war das Wichtigste – nicht mehr entzündet war. Beim Blick in den Spiegel, den ich mir mittlerweile mehrmals täglich zur Aufgabe gemacht hatte, sah mir mein schuppiges, rot-weiß geschecktes Gesicht entgegen.

»Es wird schon«, sprach ich mir selbst Mut zu, »noch ein wenig Geduld. Wir sind auf dem richtigen Weg.«

Die Lippen trockneten so extrem aus, dass sie bei der kleinsten Bewegung einrissen und bluteten. Irgendwann war es mir plötzlich zu viel. Ich trug hauchdünn Penatencreme auf die Unterlippe auf, die ich eigentlich nicht vertrug. Aber die Hoffnung, dass Zink jetzt gut sein könne, war stärker als meine Bedenken.

Und – o Wunder – die Lippen entspannten sich!

Sofort war die Versuchung da, Penatencreme nun auch im übrigen Gesicht zu schmieren. Vielleicht würde dann ja alles ganz schnell heilen?

Ich tat es nicht. Ich war nun schon so weit gekommen, der Verwandlungsprozess meiner Haut war offensichtlich und ich wollte ihn nicht noch einmal stören. Die Erfahrung, die ich Anfang des Jahres mit Bepanthen und türkischer Pizza gemacht hatte, war jetzt Gold wert. Auf keinen Fall wollte ich mich wieder um Wochen zurückwerfen.

Mein Spiegelritual wurde wie Zähneputzen zu einer täglichen Selbstverständlichkeit. Und ich merkte, wie sich das Gefühl der Zuneigung und des Zutrauens zu mir selbst allmählich immer rascher und tiefer in mir ausbreitete.

»Das geht mir unter die Haut«, »er ist dünnhäutig« oder »mit heiler Haut davonkommen« – viele Redewendungen der Sprache zeigen, wie eng die Psyche mit dem Körper verbunden ist. Und was für eine große Bedeutung sie für unser Wohlbefinden hat.

Die Wissenschaft der Psychoneuroimmunologie geht der Frage nach, wie unsere Gedanken und unser Verhalten mit unserem Immunsystem und der Hormonproduktion zusammenhängen. Gefühle können die Gesundheit erhalten oder sogar bei ihrer Wiederherstellung unterstützen! Denn die Überzeugung, dass eine herausfordernde Lebenssituation sinnvoll ist und bewältigt werden kann, erzeugt eine hoffnungsvolle Erwartungshaltung. Diese wiederum lässt eine überschießende Immunabwehr und Hormonproduktion auf das Normalmaß herunterfahren und schafft durch die eintretende Entspannung die körperlichen Voraussetzungen für Wohlbefinden und Gesundheit.

Das Beste, was wir daher für unsere Gesundheit tun können, ist, uns so oft wie möglich Mut zuzusprechen und uns zu freuen. Glückshormone sind die reinste Medizin für den Körper und beugen auch Krankheiten vor. Wofür frisch Verliebte das beste Beispiel sind – sie werden nämlich nur selten krank.

Entspannung

Mitte März war ich auf dem Geburtstag meiner Freundin Susanne eingeladen. Ihr Mann Thomas, der auch unter Neurodermitis leidet, sah mich bei der Begrüßung verblüfft an. »Mensch, toll siehst du aus!«, rief er begeistert. »Was hast du gemacht?«

Es stimmte. Im Vergleich zum Jahresbeginn war die Haut nicht mehr wiederzuerkennen. Die Entzündung war komplett aus dem Gesicht gewichen, es war nicht mehr geschwollen, hatte keine Flecken mehr und meine Augen waren klar und juckten nicht. Abgesehen von ein paar schuppigen Stellen sah ich völlig gesund aus. Aber was für mich noch wichtiger war: Ich fühlte mich auch so! Kein Brennen, kein »Erde-trocknet-säuerlich-auf-der-Haut-Gefühl«, keine lähmende Hitze.

Das Maskengefühl war genau einen Tag vor dem Fest verschwunden und mit ihm auch die Taubheit um die Mundpartie.

> *Ich saß an diesem Morgen beim Frühstück, schenkte mir Kaffee ein und plötzlich merkte ich es: Die Haut im Gesicht war »still«, ich spürte sie nicht! Zum ersten Mal seit Wochen, seit Monaten, seit Jahren war da nichts, was mich störte oder beeinträchtigte. Ich war mit meiner Tasse Kaffee und einer friedlichen Haut einfach nur da. Was für ein Erlebnis, was für ein sensationelles, großartiges Gefühl!*

Es war zwar der Geburtstag von Susanne, aber ich feierte meine neue Haut mit. Ohne Überwindung nahm ich an den Gesprächen teil, sah Menschen an und freute mich darüber, dass auch sie mich anschauten und es mir nichts ausmachte. Jahrelang war ich nicht mehr so unbeschwert und frei gewesen und ich kostete an diesem Abend jede Sekunde dieses herrlichen Lebensgefühls restlos aus.

Obwohl die Haut noch trocken war, spannte sie nicht und erholte sich von nun an stetig. Im Abstand von drei Wochen gab es Phasen, in denen sich das Philtrum – der kleine Bereich zwischen Oberlippe und Nase – entzündete und schuppte. Ich hatte Cashewnüsse oder Senf im Verdacht. Denn je besser ich mich fühlte, umso mehr probierte ich auch wieder Lebensmittel aus, die ich lange gemieden hatte.

Cashewnüsse und Senf wurden also erst einmal wieder vom Speiseplan gestrichen. Das Philtrum entzündete sich aber trotzdem immer wieder.

> *Am Anfang dauerte ein solcher Minischub zwei Wochen, dann zehn Tage, irgendwann nur noch drei. Beim ersten Mal hatte ich große Angst, dass dies erneut der Beginn eines Schubs war. Ich ließ die Finger weiterhin von den Cremes und erlebte jedes Mal, wie die Haut sich von selbst innerhalb von zwei Wochen erholte. Bis die Entzündung zwischen Mund und Nase irgendwann nicht mehr auftauchte.*

Es war, als würden Haut und Körper mehrere Heilungsphasen durchlaufen, in denen sie jahrzehntelange Rückstände von Cremes und allem, was sie sich hatten »einverleiben« müssen, abarbeiteten und an die Oberfläche transportierten. Und ich stellte mir vor, dass jeder Minischub nur dazu diente, mir ein weiteres Stück Heilung und Gesundheit zu schenken.

Im Winter bekam ich spröde Hände mit schmerzhaften Einrissen an den Fingern. Da meine Hände in den letzten Monaten prima waren, nahm ich die Handcreme, die ich bis dahin am besten vertragen hatte. Die Haut wurde zwar geschmeidiger, aber ich musste in immer kürzeren Abständen cremen. Nachts juckten die Finger so stark, dass ich von meiner mahnenden inneren Stimme »nicht schubbern« wach wurde. Aber dann doch morgens aufgeriebene Stellen hatte.

Ich zählte eins und eins zusammen. Das Ergebnis war: Creme-Stopp. Die Handcreme wanderte also zu den übrigen Cremes auf den Dachboden und das Aushalten des Austrocknens begann von vorn. Aber es war ja nur eine Frage der Zeit. Was mein Gesicht geheilt hatte, würde auch den Händen gut tun. Ich musste einfach nur wieder Geduld haben.

Spröde, raue und rissige Hände sind im Winter häufig auch ein Problem für Menschen, die sonst keine Schwierigkeiten mit ihrer Haut haben.

Die trockene Winterluft, Temperaturschwankungen, eisiger Wind und ein durch Infekte geschwächtes Immunsystem setzen der Haut in dieser Jahreszeit besonders stark zu. Das liegt vor allem daran, dass der Körper bei einer Außentemperatur unter 8 °C die Talgproduktion einschränkt, wodurch die natürliche Schutzbarriere durchlässiger wird. Weil kalte Luft außerdem sehr trocken ist, wird der Haut zusätzlich Feuchtigkeit entzogen. Was auch bei trockener Luft durch Heizungen im Büro oder zu Hause passiert.

Es dauerte vier Wochen, in denen die Finger trocken, zerknittert und rau waren und alles, was mit ihnen in Berührung kam, unangenehm war. Aber auch hier zeigte sich der Lohn des Aushaltens: Die Haut an den Händen erholte sich, sie wurde wieder weich und elastisch. Und der Juckreiz hörte auf.

* * *

Hautwunder – Wunderhaut

Seit ich begonnen habe, auf Cremes und Salben zu verzichten, hat sich meine Haut mehr und mehr stabilisiert. Ich muss nicht mehr Stunden früher aufstehen, um mein Gesicht zu kühlen, zu cremen, abschwellen zu lassen, und mich mental darauf vorbereiten, unter Menschen zu gehen. Ich wache morgens auf und fühle mich wohl.

Ich muss keine Verabredungen mehr absagen oder erst gar nicht eingehen, weil ich nicht will, dass man mich sieht. Im Gegenteil: Ich gehe gern zu Einladungen, lade gern ein und genieße heute das Zusammensein mit netten Menschen, Freunden und Bekannten.

Ich gehe zum Friseur, kann mich dort selbst anschauen und anschauen lassen.

Im ersten Sommer nach dem Creme-Entzug bin ich in einem Meerwasser-Hallenbad geschwommen, natürlich ohne mich vorher oder hinterher einzucremen. Es britzelte anfangs leicht, aber nach ein paar Bahnen war auch das verschwunden. Im zweiten Sommer war das Britzeln gar nicht mehr da.

Während ich früher nach dem Schwimmen nicht schnell genug an Creme kommen konnte, um meine spannende und brennende Haut zu fetten, habe ich mich jetzt in aller Ruhe geduscht, abgetrocknet, angezogen und geföhnt.

Am Meer schützt mich ein Hut mit breiter Krempe, meine Sonnenbrille und das richtige Timing. Wenn ich ausgedehnte Wanderungen oder längere Radtouren vorhabe, bin ich nicht gerade in der knalligen Mittagssonne am Strand oder in den Dünen unterwegs. Und mache solche Aktionen auch erst nach ein paar Tagen der Eingewöhnung an Klima und Sonne.

Ich jogge, ich schwitze und der Schweiß juckt nicht mehr unerträglich. Im Winter schafft meine Haut den Temperaturausgleich in geheizten Räumen und kommt mit der trockenen Raumluft klar. Ich suche in beleuchteten Räumen nicht sofort die dunkelste Ecke und Spiegel sind keine Feinde mehr. Und was ich nie für möglich gehalten hätte: Ich mag nun sogar helle Sommertage! Was für eine unglaubliche, großartige Freiheit, mein Leben und mich nicht mehr ausnahmslos über das Unwohlsein in meiner Haut zu erleben.

Ein heißer Ritt

Es war eine Gratwanderung. Ein Wagnis, von dem ich nicht wusste, wie es ausgehen würde. Ein wirklich heißer Ritt.

Einer Neurodermitikerhaut konsequent und langfristig die Creme zu entziehen – das kann man niemandem außer sich selbst zumuten. Und das auch nur dann, wenn man dazu bereit ist, enorme Geduld, Mut und Hoffnung während der zähen und langen Phasen aufzubringen, in denen sich nichts zu bewegen scheint, man eher Rückschritt als Fortschritt sieht und sich weiterhin krank fühlt.

Ich war bereit. Wie eine Schlange, die ihr Leben lang wächst und spürt, wann es Zeit für die nächste Häutung ist, weil ihre Haut, die nicht mitwachsen kann, zu klein geworden ist. Während des Wandlungsprozesses ist die Schlange sehr verletzbar. Sie zieht sich an einen sicheren Ort zurück und windet sich dann mit großer Anstrengung und Geduld langsam aus der alten Haut. Der neuen gibt sie Zeit zum Trocknen, damit sie stabil und widerstandfähig werden kann. In dieser Phase lebt die Schlange von ihren Reserven. Bis sie wieder, nun größer und stärker geworden, ihren »Alltagsgeschäften« nachgehen kann.

Ohne meinen zeitlichen und räumlichen Schutzraum, in den ich mich während der ersten zehn Wochen des Cremeentzugs zurückziehen konnte, und ohne meine »Reserven« – die bedingungslose Unterstützung von Menschen, die auch an diesen Weg glaubten – hätte ich es wahrscheinlich nicht geschafft. Und obwohl ich meine gesunde Haut heute täglich sehe und erlebe, erscheint sie mir manchmal immer noch wie ein Wunder. Aber nicht wie eines, das mir unerwartet in den Schoß fiel. Sondern wie eines, dem ich selbst jeden Schritt auf einem steinigen Weg entgegengegangen bin.

Wie oft habe ich mir gewünscht, dass die Genesung von der Neurodermitis einfach so passiert. Aber ich glaube, dass die himmlischen Mächte das nicht vorgesehen hatten, weil sie mich zu gut kennen. Ich wäre wahrscheinlich immer skeptisch gewesen, wie lange meine Wohlfühlhaut halten würde, und hätte mir dadurch viel Stress gemacht. So musste ich selbst aktiv werden. Und wurde es, indem ich durch die enge Pforte den schmalen und so unbequemen Weg der Creme-Abstinenz betrat. Der tatsächlich zur Rettung meiner Haut führte.

Und es geht weiter

Durch die Neurodermitis bin ich der Mensch geworden, der ich bin und den ich inzwischen sehr mag. Auch ihr verdanke ich mein reiches und so schönes Leben.

Die Erfahrungen, die ich mit meiner verletzten und empfindlichen Haut gemacht habe, sind zu meinen größten Schätzen und Ressourcen geworden, auf die ich ständig Zugriff habe. Dazu zählen die vielen kostbaren Begegnungen mit Menschen, die ich sonst vielleicht nie kennengelernt hätte.

Und auch die Auseinandersetzung mit mir selbst in einer Tiefe, zu der es ohne meine Not vielleicht niemals gekommen wäre. Ich habe mich immer wieder neu entdeckt und selbst überrascht, zuletzt mit dem Mut, der Kraft und der Entschlossenheit, die der Weg ohne Creme von mir forderte.

Natürlich weiß ich nicht, ob es wieder anders wird. Die Neigung zu Neurodermitis habe ich als Aufgabe mit in mein Leben bekommen, als »Zumutung« im besten Sinne des Wortes, um an ihr zu wachsen. Das will und werde ich auch weiter tun. Denn wenn ich mich in meiner Haut wohlfühlen möchte, dann ist es an mir, dafür zu sorgen, dass ich es auch kann. Dazu muss ich immer wieder finden oder entwickeln, was ich zu meinem Wohlbefinden benötige – in welcher Situation auch immer ich dann gerade bin. Das ist oft nicht leicht, aber die Mühe wert. Meiner Haut geht es momentan am besten, wenn ich sie komplett in Ruhe lasse und alles meide, was sie irritiert und was sie nicht mag. Sie ist ein Wunder an Regeneration und Kraft und ich gehe davon aus, dass sie es auch in Zukunft sein wird. Doch ist es müßig, sich jetzt darum Gedanken zu machen. Heute fühle ich mich in meiner Haut wohl, weil ich nicht creme. Sollte sich das irgendwann einmal ändern, sollte ich Lust bekommen, meiner Haut wieder ein hochwertiges Öl oder eine andere Pflege aus besten Zutaten anzubieten, werde ich das tun. Und beobachten, ob sie es gut findet oder nicht.

Ich habe verstanden, dass es eine meiner Lebensaufgaben ist, auf die Signale meiner Haut und meines Körpers zu achten und entsprechend zu reagieren. Und nicht erst bei »Alarm« in mich hineinzuhorchen. Sondern mich so früh wie möglich zu fragen: »Was will ich? Was will ich nicht? Wo und womit fühle ich mich gut? Und was geht mir gerade unter die Haut?«

Die Antworten können unbequem sein, manche möchte ich vielleicht gar nicht hören. Aber genau da geht der Weg dann weiter.

In den vielen, vielen Jahren mit Neurodermitis habe ich gelernt, dass eine friedliche und zufriedene Haut immer auch das Resultat dessen ist, wie ich mit meinem Körper und meiner Seele umgehe. So wie ein Künstler ein Kunstwerk aus dem Material fertigt, mit dem er arbeiten will, so fordert mich jeder Tag mit seinen kleinen und großen Herausforderungen dazu auf, mich durch sie weiterzuentwickeln. Und dabei auch immer meine Gesundheit mit zu gestalten. Wofür mir eine Menge Material und viele Werkzeuge zur Verfügung stehen.

★★★

Kapitel 4
Was ich heute tun kann

Gesundheit ist ein Geschenk, das man sich selber manchen muss.
Schwedisches Sprichwort

Meine Gesundheit liegt wie mein Leben nicht in meiner Hand. Sie ist ein Geschenk, um nicht zu sagen: eine Gnade. Trotzdem trage ich Verantwortung für sie, denn ich kann sehr viel zu meinem körperlichen und geistigen Wohlbefinden beitragen.

Dass ich der wichtigste Mensch in meinem Leben bin und meiner eigenen Fürsorge bedarf, weiß ich inzwischen. Und dass ich mich geistig und körperlich umso wohler fühle, je besser ich mit mir umgehe. Ich erlebe meine Haut heute nicht mehr als eine unberechenbare, hinterhältige Macht, die es nur darauf abgesehen hat, mich zu quälen und meine Lebensqualität zu zerstören. Meine Haut ist für mich, nicht gegen mich. Sie gehört zu mir, wird geliebt, liebkost und bewundert. Immer wieder staune ich darüber, welch enorme Ausdrucksmöglichkeiten, welch unglaubliche Heilkraft und Verwandlungsfähigkeit in ihr steckt.

Ich traue und mute meiner Haut zu, dass sie sich selbst versorgt. Und das kann sie am besten, wenn ich auf meine Bedürfnisse achte und konstruktiv mit Herausforderungen umgehe. Wenn ich gesunde Grenzen setze und alte, nicht mehr hilfreiche Verhaltensmuster ändere.

»Es ist der Geist, der unseren Körper baut«, schrieb einst Friedrich Schiller im *Wallenstein*. Schiller, der auch Mediziner war, hatte bereits erkannt, was Neurowissenschaftler heute Schritt für Schritt erforschen: Verändert sich unser Geist, verändert sich der Körper mit. Und umgekehrt gilt dasselbe: Verändert sich unser Körper, verwandelt sich auch die Psyche. Mit meiner Haut erlebe ich das ständig: Geht es ihr gut, fühle auch ich mich wohl. Geht es mir gut, fühlt sich meine Haut wohl.

Körperhaltung und Bewegungen wirken sich ebenfalls unmittelbar auf unsere Gefühle und Stimmungen aus. Aus Niedergeschlagenheit entwickelt sich durch bloßes Aufrichten von Rücken und Kopf neue Zuversicht. Ein flotter Spaziergang kann die Welt verändern und wer Sport macht, weiß, dass man durch Bewegung sofort bessere Laune bekommt.

Hat man einmal damit angefangen, das Leben nicht wie gewohnt zu betrachten, und verhält sich dazu auch anders als üblich, macht man ständig neue Erfahrungen. Es ist faszinierend, wie allein die Perspektive auf die Dinge die Welt um uns herum und – was noch viel wichtiger ist – in uns verändert.

> Das Leben ist wie eine Pralinenschachtel.
> Man weiß nie, was man bekommt.
>
> Forrest Gump

Zum Glück können wir das Leben nicht voraussehen, es steckt voller schöner, manchmal aber eben auch weniger schöner Überraschungen. Und so wie der Wechsel von Ebbe und Flut, von Tag und Nacht und der Lauf der Jahreszeiten die Natur bestimmt, so folgt auch unser Leben einem biologischen Rhythmus von Anspannung und Entspannung, gesunde

Phasen wechseln sich mit weniger gesunden ab. Es wird daher immer wieder stressige Zeiten geben, die uns körperlich und geistig an unsere Grenzen bringen. Wenn wir diese mit möglichst heiler Haut bewältigen wollen, brauchen wir seelische Stärke. Sie hilft uns, Enttäuschungen zu überwinden, Krisen durchzustehen und an ihnen zu wachsen. Diese psychische Fähigkeit wird auch Resilienz genannt – ein Begriff, der aus der Physik kommt und dort die Toleranz eines Systems gegenüber Störungen bezeichnet.

Unsere Resilienz ist uns zum großen Teil angeboren. Der eine hat mehr, der andere weniger davon in die Wiege gelegt bekommen, daher ist sie bei allen Menschen unterschiedlich stark ausgeprägt. Doch genauso wie wir unseren Körper trainieren können, können wir auch unsere Resilienz in jedem Alter stärken. Sich Ziele zu setzen, gute Beziehungen zu Menschen zu pflegen und immer wieder Anlässe für Freude und Erfolgserlebnisse im Leben zu schaffen – all das stärkt die mentalen Kräfte und nährt die Lebenskraft. Nehmen wir dann noch die Bedürfnisse unseres Körpers ernst und gehen wertschätzend mit uns und anderen um, schaffen wir für unser seelisches Immunsystem die idealen Voraussetzungen, um optimal arbeiten zu können.

Ja sagen, kreative Lösungen finden für das, was klemmt und ruckelt, konstruktiv an meiner eigenen Lebensgestaltung mitwirken – das ist es, was mir mein Leben täglich zumutet und abverlangt. Aber nicht, um mich zu ärgern. Sondern um mir meiner Möglichkeiten bewusst zu werden und das Beste aus ihnen zu machen.

In diesem Kapitel nun geht es darum, was ich bei meinem Genesungsprozess gesucht, gefunden und gelernt habe. Wie wahrscheinlich viele Menschen mit einer chronischen Erkrankung habe auch ich voller Hoffnung auf Heilung nach jedem Strohhalm gegriffen, der sich mir anbot. Zum Glück weiß ich inzwischen, was ich für mein Wohlbefinden brauche. Aber ich lerne auch immer wieder neue Seiten an mir kennen. Und wenn ich eine interessante und überzeugende Anregung finde, probiere ich sie gern aus.

Es gibt auch heute ab und an Momente, in denen ich wieder diese unangenehme Energie im Gesicht spüre, jenes feine Vibrieren und Kribbeln, das mich früher in Alarmstimmung versetzte. Weil sich so meistens der nächste Schub ankündigte. Meine Haut wird dann manchmal auch tatsächlich unruhiger. Aber es ist nicht mehr der Anfang vom Ende. Sie beruhigt sich genauso schnell wieder, wie sie sich aufgeregt hat.

In solchen Situationen liegt die Herausforderung für mich vor allem darin, nicht panisch zu werden. Sondern erst einmal nur wahrzunehmen, dass es gerade ist, wie es ist und mein System einfach nur auf etwas reagiert. Und dann dafür zu sorgen, dass Körper und Seele das bekommen, was sie zu ihrer Beruhigung und Entspannung brauchen.

Mein Stress und der Umgang mit mir selbst hängen immer mit meinen Gedanken und Einstellungen zusammen. Die folgenden Impulse, Techniken und Übungen könnten daher alle unter der großen Überschrift »Selbstliebe« oder »Selbstfürsorge« stehen. Was einmal mehr zeigt, dass die Art und Weise unseres Umgangs mit uns selbst jeden Aspekt unseres Wesens berührt und unsere Lebensqualität wie auch unser Wohlbefinden entscheidend beeinflusst. Um dieses enorme Themenspektrum zu ordnen, habe ich das Kapitel in die folgenden Abschnitte eingeteilt:

1. Gedankenhygiene: Ich bin, was ich (über mich) denke

»Unser Leben ist das Produkt unserer Gedanken«, hat es der antike römische Philosoph Mark Aurel einst auf den Punkt gebracht. Gesundheit fängt mit dem Denken an. Und hört dort – für mich zumindest – auch wieder auf.

2. Stressmanagement: Die Lebendigkeit balancieren

Stress und Gesundheit hängen zusammen, Stress und Krankheit auch. Wissen und Techniken zur Bewältigung von Stress tragen wesentlich dazu bei, dass unser Nerven-, Immun- und Hormonsystem gut funktionieren können. Und die Haut sich nicht aufregen muss.

3. Ernährungskonzept: Essen, was gut tut

Über Lebensmittel und ihre Auswirkungen auf Neurodermitis gibt es viele Bücher, zahllose Tipps und Informationen im Internet. Ich berichte von meinen Erfahrungen mit der Ernährungsform, die sich nach jahrelangem Experimentieren für mich als die praktikabelste erwiesen hat.

4. Hautgesundheit: Pflege, Streicheln und Vertrauen

Da ich keine Cremes mehr benutze, habe ich andere Wege gefunden, mich meiner Haut liebevoll zuzuwenden. Außerdem geht es um die Wirkung von Wasser und Seife, um Sonne, Wind und Fantasie.

Neurodermitis ist höchst individuell. Jeder erlebt sie anders und jeder leidet auf seine Weise unter ihr. Wer von Neurodermitis herausgefordert ist, muss daher sein ganz persönliches Handwerkszeug für den Umgang mit sich selbst finden. Es gibt keine Wundermittel und es gibt auch keinen Wunderlebensstil. Aber es gibt eine Vielfalt an Lösungen, die man ausprobieren und unter denen man die bestmögliche – oder die bestmöglichen – für sich finden kann.

1. Gedankenhygiene

Ich bin, was ich (über mich) denke

Mittlerweile ist nachgewiesen, dass wir mit unseren Gedanken, Vorstellungen und Handlungen unsere Persönlichkeit und unsere Realität erschaffen. Anhand von EKG, Gehirnscan, Ultraschall und CT-Bildern lässt sich genau erkennen, ob wir uns gerade freuen oder meditieren, ob wir ängstlich oder entspannt sind. Denn je nach Stimmungslage sind unterschiedliche Bereiche in unserem Gehirn aktiv.

Gedanken lenken mein Leben

Gefühle und Gedanken können sogar so stark wirken, dass sie Gene verändern. Die wiederum beeinflussen unseren Körper. Was bedeutet: Wenn ich immer wieder dieselben Gedanken denke, auf dieselbe Art handele und in gleicher Weise auf meine Lebensumstände reagiere, schicke ich auch immer wieder die gleichen Signale an dieselben Gene. Die meinen Körper und alle Organe dann in dem ihm vertrauten Zustand halten. Mein Körper wiederum sendet Signale an mein Gehirn, die mich so handeln lassen, wie ich immer schon gehandelt habe. Und als Folge davon werde ich immer wieder die gleichen Erfahrungen machen.

Ich denke, dass es mit meiner Haut nie mehr etwas wird, dass ich nie wieder richtig gesund werde. Ich ziehe mich zurück, weil ich mich hässlich, krank und schlecht fühle. Mein Körper nimmt die Signale der Unheilbarkeit und Unansehnlichkeit auf und versucht, sie so gut wie möglich umzusetzen.
Als mir dieser Mechanismus klar wurde, überlegte ich, was ich alles ändern musste. Sofort fiel mir mein permanentes Bedürfnis nach Rückzug ein. Noch am gleichen Tag verabredete ich mich mit meiner Freundin Andrea, die ich lange nicht gesehen hatte. Als sie mich mit aller Selbstverständlichkeit annahm, wie ich war, spürte ich nach langer Zeit wieder, wie heilsam der Kontakt zu Menschen war. Ich habe dann Kuchen gebacken und wieder Freundinnen eingeladen, mich in Cafés und zum Kino verabredet. Und mich dabei jedes Mal ein Stückchen besser und sicherer gefühlt.

Ändern wir unsere Gedanken, stutzt unser Gehirn natürlich.

»Was, bitte sehr, soll das denn jetzt?«, denkt es alles andere als begeistert. »Das haben wir ja noch nie so gemacht!«

Doch wenn wir uns von seinem Widerstand nicht abhalten lassen, merkt es, dass wir es ernst meinen. Und sendet Signale für neues Verhalten an andere Gene, die dann aktiv werden können. Passiert dies immer wieder, verändert sich allmählich unsere körperliche Verfassung. Faszinierend, oder?

Was die Wissenschaft heute durch modernste Technologie beweisen kann, sind aber keine neuen Erkenntnisse. Schon die alten Chinesen wussten um die machtvolle Bedeutung der Gedanken für das eigene Leben:

Achte auf deine Gedanken, denn sie werden deine Worte.
Achte auf deine Worte, denn sie werden deine Handlungen.
Achte auf deine Handlungen, denn sie werden deine Gewohnheiten.
Achte auf deine Gewohnheiten, denn sie werden dein Charakter.
Achte auf deinen Charakter, denn er wird dein Schicksal.

Neue Gedanken in die Tat umzusetzen kostet oft gerade am Anfang viel Aufmerksamkeit und Überwindung. Aber je öfter man dies macht, umso weniger Willenskraft muss man im Laufe der Zeit aufwenden.

Denn unser Gehirn baut mit jedem Mal, bei dem wir anders denken, die Leitungen zum neuen Verhalten aus und je häufiger wir diese benutzen, umso leistungsfähiger, schneller und stabiler werden sie. Das ist wie in einem Urwald, den man durchqueren möchte: Am Anfang gibt es keinen Weg und man schlägt sich mühsam mit dem Buschmesser Meter für Meter einen schmalen Fußpfad frei. Geht man diesen dann immer wieder, wird er zum Trampelpfad, dann zum breiten Weg und schließlich zu einer gut ausgebauten Straße. Die man automatisch nimmt, weil sie die kürzeste, vertrauteste und schnellste Verbindung zur anderen Seite geworden ist.

Ich bin davon überzeugt, dass mein Leben zu 10 Prozent aus dem besteht, was mit mir geschieht und zu 90 Prozent aus dem, wie ich darauf reagiere.

Charles R. Swindoll

Wenn man in seinem Verhalten oder Leben etwas verändern möchte, helfen folgende Fragen:

- ✍ Was möchte ich verändern?
- ✍ Worum genau geht es dabei?
- ✍ Was denke ich darüber?
- ✍ Wie sieht der konstruktive Gedanke dazu aus?
- ✍ Was ist meine erste Verhaltensänderung dorthin?
- ✍ Was klappt sogar jetzt schon ganz gut?
- ✍ Wie kann ich das, was jetzt schon gut klappt, in meinen Alltag einbauen?
- ✍ Welche Unterstützung brauche ich? Wo kann ich sie mir holen?
- ✍ Woran merke ich, dass ich wieder den alten Gedanken denke und mich wie früher verhalte?
- ✍ Was kann ich tun, damit ich so oft wie möglich an den neuen Gedanken denke?

Tipp

`Entscheide, was du willst. Von dem, was du willst, tue mehr. Von dem, was du nicht mehr willst, tue weniger.`

★★★

Ich kann es wieder gut machen

»Liebe dich selbst, dann finden dich auch die anderen liebenswert«, heißt es in einem alten Sprichwort. Welche Kränkungen ich durch andere wegen meiner Haut oder durch mich selbst erlitten habe – ich kann sie nicht ungeschehen machen. Aber ich kann mich jetzt dafür entscheiden, mir die Fürsorge, das Mitgefühl und die Unterstützung zu geben, die ich früher vermisst habe.

Heute habe ich Verständnis dafür, dass ich während meiner ersten Studienjahre von Haut und Uni extrem herausgefordert war und keine Möglichkeiten hatte, es mir leichter zu machen. Ich habe mich einmal ganz bewusst in meiner Vorstellung in meine Studentenjahre zurückgebeamt und dann einen typischen Tag nacherlebt. Wie ich mich im Stich gelassen habe, weil ich mich so für mich schämte. Und wie einsam ich mich fühlte, weil ich mich niemandem zumuten wollte.

Ich habe mir inzwischen verziehen. Und mache es täglich wieder gut, indem ich heute an mich glaube und bedingungslos zu mir stehe. Zu erleben, wie durch Wiedergutmachung an sich selbst alte Wunden tatsächlich geheilt werden können, ist eine erstaunliche und bewegende Erfahrung.

Verantwortung für mich übernehmen

Indem ich in mich hineinhorchte und mich fragte, was mich gerade bewegt, habe ich meine Stärken und Schwächen, meine Wünsche, Bedürfnisse, Freuden und Sorgen immer besser kennengelernt. Ich kann nun auch auf Befürchtungen oder Ängste schneller reagieren, so dass sie gar nicht erst übergroß werden müssen. Am besten gelingt mir dies, wenn ich mich in die Stille zurückziehe und einfach nur wahrnehme, was gerade in mir vorgeht.

> Höre auf das Flüstern deines Körpers,
> bevor er anfängt zu schreien.
> Ann Weiser Cornwell

Meine Bedürfnisse zu kennen heißt auch, sie in angemessener Weise zu stillen, ohne dass ich dabei andere kränke oder deren Grenzen verletze. Was bedeutet, dass ich die Verantwortung für mein Leben und wie ich mit dem umgehe, was mir widerfährt, übernehme. Das tue ich immer dann, wenn ich mich frage: »Was kann ich dazu beitragen, dass ich mich in dieser Situation besser fühle?« Oder: »Wie kann ich meine Stärken so einsetzen, dass sie für mich und andere nützlich sind?«

Es gibt viele Gelegenheiten, bei denen ich die Möglichkeit habe, eine Situation so zu verändern, um mich in ihr wohler zu fühlen. So kann ich mich um einen Konflikt, der mir »unter die Haut geht«, herumdrücken. Ich kann ihn aber auch offen und respektvoll ansprechen und nach einer Lösung suchen.

Das Thema Rückzug hat ebenfalls viel mit Verantwortung zu tun. Man kann sich zu Hause verkriechen und vom Leben abschotten, wenn es einem nicht gut geht. Man kann aber auch, sofern es einem körperlich möglich ist, rausgehen und dem Leben mit seinen unglaublichen Möglichkeiten und Einfällen begegnen. Selbst ein Spaziergang reicht schon aus, um völlig verändert nach Hause zu kommen. Wenn ich mit offenen Augen und wachem Geist durch die Stadt, Wälder oder Parks gehe, wird mein Gehirn regelrecht »gelüftet« und der Mief alter, verbrauchter Gedanken, die so erfolgreich schlechte Gefühle bereiten, kann abziehen.

★ ★ ★

Beste Spiegel-Freundin

Wie ich mit meinem Spiegelbild umgehe, sagt viel über die Beziehung zu mir aus. Dabei geht es nicht um die Eitelkeit des »Spieglein, Spieglein an der Wand« – es geht um die innere Einstellung, mit der ich mich betrachte: liebevoll, freundschaftlich, wohlwollend? Oder dauerkritisch und ablehnend, wie ich es so lange und mit so großem Erfolg getan habe, dass ich mein Spiegelbild nicht mehr ertrug.

Während ich die Haut austrocknen ließ, habe ich all meinen Mut zusammengenommen, mich vor den Spiegel gestellt, gelächelt und gesagt: »Genauso wie ich jetzt bin, liebe ich mich.« Was die ersten Male enorme Überwindung kostete, weil ich mir dabei ziemlich albern vorkam. Doch je öfter ich es machte, umso leichter wurde es. Heute lächle ich mir jeden Morgen im Spiegel zu, wünsche mir einen schönen, gesunden, erfolgreichen und heiteren Tag und möchte diesen ersten so schönen Blickkontakt mit mir inzwischen nicht mehr missen.

Worin sich Selbstliebe zeigt

- Ich stehe zu meinen Stärken und Schwächen und habe ein gutes Gefühl zu mir.
- Ich fördere mich und meine Stärken und sorge dafür, dass meine Schwächen mir nicht schaden.
- Ich hole mir Unterstützung und Hilfe, wenn ich sie brauche. Und unterstütze auch andere, wenn ich dies möchte und die Balance zwischen Geben und Nehmen für mich stimmt.
- Ich fühle und weiß, dass mein Wert nicht von meiner Herkunft, meinem Aussehen und meiner Leistung abhängen.
- Ich fühle mit mir, ohne in Selbstmitleid zu versinken.
- Ich freue mich über Lob und Komplimente.
  Ich lobe auch und mache gern Komplimente.
  Aber nur, wenn ich sie ehrlich meine.
- Ich setze mir selbst Grenzen, indem ich mich an Regeln halte, die mir gut tun.
- Ich behandle mich und andere mit Respekt und Achtung und erwarte dies auch mir gegenüber.

★★★

Rituale für mehr Selbstliebe

Es gibt viele Rituale, mit denen sich Selbstvertrauen und die Liebe zu sich selbst stärken lassen. Hier eine kleine Auswahl:

Morgenritual

Gleich nach dem Aufwachen klopft man mit den Fingerspitzen sanft auf das Brustbein und spricht in Gedanken oder auch laut mehrmals hintereinander: »Ich liebe, ich glaube, ich vertraue, ich bin dankbar und mutig.«

Hinter dem Brustbein sitzt die Thymusdrüse. Sie gilt als Bindeglied zwischen Geist und Körper, das unsere Gedanken in den Körper transportiert. Außerdem steuert sie den gesamten Energiehaushalt des Körpers. Indem man sie durch Klopfen sanft stimuliert, gleicht sie eventuelle Störungen aus und die Lebensenergie kann wieder fließen.

Schulterklopfen

Noch ein schönes Klopfritual: Sich mit der linken Hand mehrmals auf die rechte Schulter und dann mit der rechten Hand auf die linke Schulter klopfen. Dabei sagt man laut: »Ich bin gut, ich bin kostbar.« Danach mit der rechten Hand im Uhrzeigersinn über den Bauch kreisen, während man »Ich bin glücklich und zufrieden« sagt. Zum Abschluss umarmt man sich mit den Worten »Ich liebe mich!«

Lächel-Impulse

Einfach einen Smiley auf den Badezimmerspiegel malen oder ein Post-it mit einem Smiley hinkleben. Das erinnert daran, sich jedes Mal beim Blick in den Spiegel ein Lächeln zu schenken. So, als würde man sich riesig darüber freuen, sich endlich wiederzusehen.

Tipp!

Rituale übt man am besten allein. Denn wenn man sich noch nicht ganz sicher ist, ob sie einem gut tun und sich zu Beginn auch ein wenig albern vorkommt, muss man es nur alleine aushalten. Wenn aber ein anderer sie belächelt, ist es schon schwieriger dranzubleiben. Also erst dann von ihnen - wenn überhaupt - erzählen, wenn man von ihrer Wirkung überzeugt ist.

★ ★ ★

Gut geht's aus

Wissenschaftler haben nachgewiesen, dass sich Menschen, die zuversichtlich in die Zukunft blicken und dabei den Bezug zur Realität behalten, wohler fühlen, psychisch und physisch gesünder sind und sich sogar schneller von Krankheiten erholen. Und dass Optimismus nicht nur bei der Bewältigung der aktuellen Schwierigkeiten hilft, sondern sogar die Zukunft beeinflusst. Denn schon der Glaube an das Eintreffen von etwas Gutem löst positive Gefühle aus, die sich wiederum auf die persönliche Ausstrahlung und das eigene Verhalten auswirken. Was die Wahrscheinlichkeit erhöht, dass das Erwartete auch tatsächlich eintritt.

Ich habe zwei Mottos, die mir helfen, den Blick wieder nach vorn zu richten: »Wer weiß, wofür es gut ist« und »Wenn es schiefgeht, kommt es besser«.

Man kann sich eine »Gut geht‘s aus«-Dose oder ein Kästchen basteln, seine Gedanken und Sorgen aufschreiben und dort hineinlegen.

Damit lässt man den Gedanken los und gewinnt auch körperlich Distanz dazu. Wenn man dann nach einiger Zeit wieder auf die Zettel schaut, ist es immer wieder verblüffend zu sehen, um was man sich alles Sorgen gemacht hat. Und was inzwischen längst erledigt und vergessen ist, weil es gut ausgegangen ist.

Auch Goldblättchen-Sammeln hilft beim Fokussieren auf das Gute. Goldblättchen sind die Glücksmomente des Tages, die man so leicht übersieht: das nette Gespräch mit der Nachbarin oder die lustige Mail vom Kollegen. Abends schreibt man sie in ein Goldblättchen-Buch, das so allmählich zu einer immer verfügbaren Quelle für gute Gedanken, Optimismus und Dankbarkeit wird.

Tipp!

Man kann auch einige Erbsen in eine kleine Dose füllen und diese überallhin mitnehmen. Für jedes Goldblättchen steckt man sich eine Erbse in die Hosentasche. Vor dem Einschlafen schaut man sich diese Erbsen an und erinnert sich so nochmals an jeden schönen Moment des Tages, den man schon längst wieder vergessen hatte.

★★★

Frieden schließen

Wer ständig denkt »Wie sehe ich bloß wieder aus« oder »Ich bin nicht gut genug«, hat Stress. Gefühle wie Neid, Bitterkeit, Groll und Minderwertigkeit kosten Kraft und schaden langfristig der Gesundheit. Man weiß heute, dass die Bewegung und Funktion unserer Immunzellen im Körper wesentlich durch Botenstoffe und Hormone beeinflusst werden, die als Reaktion auf unsere Gedanken entstehen. Das ist der Weg, über den psychische Prozesse wie beispielsweise Stress, Freude oder Ärger unser körpereigenes Abwehrsystem erreichen und auf dem sie es stärken oder schwächen können.

Schließt man nun Frieden mit sich oder der Situation, die die negativen Gefühle auslöst, setzt man den Energiefluss wieder in Gang. Weil die Produktion gesundheitsförderlicher Hormone angeregt wird und man dem Körper dadurch die Voraussetzungen bietet, sich zu heilen oder gesund zu bleiben.

Innerer Frieden beginnt in dem Augenblick, in dem wir uns selbst annehmen und anerkennen. Und entscheiden, dass weder eine andere Person noch ein Ereignis unsere Gefühle und Stimmungen kontrollieren kann.

Innerer Frieden ist aber auch eine Frage des Vertrauens ins Leben und je nachdem wie gefestigt wir emotional sind, müssen wir ihn uns immer wieder neu erarbeiten. Je mehr wir uns aber um ihn bemühen, umso sicherer werden wir bald Situationen meistern, die uns früher umgeworfen hätten.

★★★

Energie tanken

Freude ist die Gesundheit der Seele.
Aristoteles

Wenn ich schlechte Laune habe oder mich nicht gut fühle und diesen Zustand ändern möchte, dann hellen Freude, Dankbarkeit und Freundlichkeit im Umgang mit mir selbst und anderen meine Stimmung sofort wieder auf.

1. Ich kann mich meinem Körper ganz bewusst zuwenden, indem ich mir eine Massage gönne oder meine Haut sanft massiere, so, als würde ich mich eincremen. Und mich bei ihr für all das bedanken, was sie für mich tut.

2. Ich genieße! Ein köstliches Heißgetränk, mein Lieblingseis, ein Essen, das ich mir sonst nicht kochen würde. Oder ich lasse die Seele einmal wieder so richtig baumeln. Beim Blick aus dem Fenster, beim Spaziergang, beim Vor-mich-hin-Träumen oder beim bloßen Dasein und Nichtstun.

4. Ich suche mir jemanden, der mich umarmt oder den ich umarmen kann. Der Kontakt tut gut und schenkt auch dem anderen das Gefühl, etwas Kostbares geben zu können.

5. Ich überlege, was in meinem Leben alles gut ist, und bedanke mich dafür. Dankbarkeit ist eine mächtige Kraftquelle, die augenblicklich den Energielevel anhebt.

6. Ich kann jemandem helfen, der Unterstützung benötigt. Was mich sofort aus meiner Ich-Bezogenheit herausholt.

Auch Körperhaltungen können die Stimmung umgehend heben. Einfach alle für einige Minuten ausprobieren und dann die eigene Lieblingspose finden.

Wenn man im Laufe des Tages immer mal wieder in diese Haltung geht, wird man schnell feststellen, dass man viel mehr Energie hat. Dabei zu lächeln, verstärkt die Wirkung noch.

☺ Aufrichten, die Arme ausbreiten und so groß wie möglich machen. So, als würde man die Welt umarmen. Und wenn man mag, aus vollem Herzen laut und tief seufzen.

☺ Die Arme seitlich in die Hüften stützen und breitbeinig hinstellen. Tief in den Bauch atmen.

☺ Sich ganz entspannt im Stuhl zurücklehnen, die Arme hinter dem Kopf verschränken und das Gefühl der Souveränität genießen.

★ ★ ★

Die Lebensglück-Collage

Eine wunderbare Methode, sich mit sich und dem eigenen Wohlergehen zu beschäftigen, ist, eine Collage mit all dem zu basteln, was die Zukunft an Gutem bringen soll. Dafür braucht man zwei bis drei Stunden Zeit, alte Zeitschriften, Fotos und

Prospekte, Schere und Klebstift. Dann einfach die Überschriften und Bilder heraussuchen, die einen ansprechen, sie ausschneiden und auf einer großen Unterlage neu zusammenpuzzeln. Man kann dabei auch mit anderen Materialien, dekorativen Stiften, Wasser-, Öl- oder Acrylfarben experimentieren. Das macht großen Spaß und am Ende hat man ein einmaliges und höchst individuelles Kunstwerk geschaffen, das jedes Mal, wenn man es anschaut, Impulse und neue Kraft schenkt.

Und das Beste: Der Platz, den die eigenen Sorgen eingenommen haben, ist nun durch stärkende und inspirierende Bilder besetzt!

Wenn ich mir meine Collagen nach einem Jahr oder einem noch längerem Zeitraum ansehe, stelle ich immer wieder überrascht fest, wie viele der abgebildeten Themen in Bewegung gekommen sind oder sich tatsächlich realisiert haben. Wie zum Beispiel die heile Haut, die immer wieder ein Aspekt darauf war. Das liegt daran, dass man sich durch die Beschäftigung mit der Collage einen spielerischen Zugang zu dem schafft, was einen innerlich bewegt. Man übersetzt seine Gedanken quasi in Bilder, das Unterbewusstsein versteht diese als Auftrag und lenkt die eigenen Handlungen sanft in deren Richtung.

Die Natur hat dafür gesorgt, dass es,
um glücklich zu leben, keines großen
Aufwands bedarf – jeder kann sich selbst
glücklich machen.

Lucius Annaeus Seneca

* * *

2. Stressmanagement

Die Lebendigkeit balancieren

Experten schätzen, dass 75 bis 90 Prozent der Besuche bei Allgemeinärzten aufgrund von Beschwerden stattfinden, die auf Stress zurückzuführen sind. Was nicht weiter erstaunlich ist, wenn man bedenkt, dass fast jedes körperliche System und jeder Körperteil von Stress betroffen und beeinträchtigt werden kann. Die Haut ganz besonders. Manche Menschen werden bei Stress blass, andere bekommen einen roten Kopf oder rote Flecken. Und die Symptome der Neurodermitis können sich verschlimmern.

■ *Vom Stress und was er mit Neurodermitis zu tun hat*

Doch was genau ist Stress eigentlich? Allgemein kann man sagen, dass Stress eine körperliche Reaktion auf psychische Vorgänge ist, die immer dann entsteht, wenn wir in irgendeiner Weise herausgefordert sind. Denken wir: »Das wird schon klappen«, weil wir ähnliche Situationen in der Vergangenheit gut bewältigt haben, werden wir nur wenig Stress spüren. Empfinden wir die Situation aber als bedrohlich und als eine so große Überforderung, dass wir sie wohl nicht bewältigen können, steigt unser Stresspegel kräftig an.

Forscher konnten in einer Studie nachweisen, dass es bei Neurodermitikern unter akutem Stress zu einem starken Anstieg der weißen Blutkörperchen (Lymphozyten) und der Immunbotenstoffe (Zytokine) kommt, die wesentlich für die Entzündungen der Haut verantwortlich sind.

Ein Leben ohne Stress gibt es nicht. Unser Dasein besteht aus permanenter Veränderung, Anpassung und Entwicklung, aus dem Umgang mit unvorhergesehenen Situationen und Begegnungen mit Menschen, deren Verhalten wir nicht einschätzen können. Ohne Stress würde es uns auch gar nicht geben, weil unsere Vorfahren die Steppe nicht überlebt hätten.

Ständig war ihr Leben durch Raubtiere wie den Säbelzahntiger mit seinen bleistiftlangen Zähnen in Gefahr, ständig mussten sie sich im Fall eines Angriffs blitzschnell zwischen Kampf oder Flucht entscheiden. Hätten unsere Ahnen keinen solchen Überlebensstress gehabt – sie wären leichte Beute gewesen und uns würde es jetzt nicht geben.

Heute motiviert uns Stress unter anderem zu Leistung und zur Leistungssteigerung. Sportler könnten ohne das Stresshormon Adrenalin keine Bestleistungen vollbringen und manche Menschen brauchen Zeitdruck, um mit ihrer Arbeit voranzukommen. Doch wie überall gilt: Die Dosis macht das Gift. Andauernder Stress ohne Erholungsphasen macht krank. Es ist wie bei einem Motor, der ständig hochtourig laufen muss: Nach kurzer Zeit ist er kaputt.

Auch wenn wir heute nicht mehr damit rechnen müssen, vor der Haustür von einem hungrigen Raubtier angefallen zu werden – unsere heutige Steppe besteht aus privatem und beruflichem Termin- und Leistungsdruck, Jobangst, Konflikten und Selbstüberforderung. Unsere Psyche und unser Körper reagieren darauf noch mit dem gleichen Kampf-oder-Flucht-Mechanismus wie in der Frühzeit der menschlichen Evolution. Durch die Produktion von Stresshormonen ermöglicht er uns, dass wir entsprechend reagieren können.

Geht die Stresssituation schnell vorüber und können wir uns danach wieder ausreichend erholen, fängt der Körper die Auswirkungen des Stressalarms auf. Bei ununterbrochenem Stress aber, der durch Lärm, Reizüberflutung, Frustration,

Ärger, Angst und auch durch eine chronische Erkrankung wie Neurodermitis ausgelöst wird, ist unser Körper in ständiger Alarmbereitschaft. Weil wir die Stressenergie nicht wie unsere Vorfahren durch extreme Aktivität wie Kämpfen oder Flüchten verbrauchen oder durch eine ausreichende Erholungsphase in der Höhle abbauen, bleibt sie im Körper und richtet dort auf Dauer gesundheitlichen Schaden an. Bei Neurodermitis trägt sie dazu bei, dass die Symptome weiter aufrechterhalten werden.

Bei Stress geht es daher vor allem darum, die Stressenergie umzuleiten, sie beispielsweise durch Sport abfließen zu lassen und so oft wie möglich für Entspannung und Erholung zu sorgen. Auch positive Gefühle wie Freude, Gelassenheit und Vertrauen unterstützen enorm dabei, Stress schneller abzubauen und mit künftigem besser umgehen zu können.

Tipp!

Bei akutem Stress hilft ein einfaches, aber sehr wirkungsvolles Rezept: Atmen! Bewusst tief einatmen und dabei bis drei zählen und danach tief ausatmen und bis sechs zählen. Dabei die Schultern fallen lassen. Man kann den Atemrhythmus auch noch weiter verlangsamen. So zu atmen löst spürbar die Verspannungen und lockert die Muskeln vom Nacken bis zum großen Zeh.

Chronische Neurodermitis bedeutet häufig Dauerstress. Nicht nur, dass man unter seinem Aussehen leidet – auch der unberechenbare und unkontrollierbare Krankheitsverlauf belastet enorm.

Laut Studien lösen bei etwa 30 Prozent der Neurodermitiker innere Anspannung, Angst oder Hoffnungslosigkeit neue Schübe aus. Hält die belastende Lebenssituation an und wird der psychische Druck zu groß, werden vermehrt Stresshormone ausgeschüttet. Das schon angeschlagene Immunsystem reagiert darauf extrem empfindlich: Immunzellen werden verstärkt aktiviert und die körpereigene Abwehr schlägt wild um sich. Die Folge: Die Haut entzündet sich und der Juckreiz quält. Viele Neurodermitiker kennen aber auch das Phänomen, dass der Schub erst auftritt, wenn die Stressphase vorbei ist.

* * *

Körperlich und seelisch entspannen

Im Termindruck juckt die Haut, nach der anstrengenden Beziehungskrise kommt der Neuroschub. Seit einigen Jahrzehnten wird intensiv erforscht, wie sich unser Denken und Fühlen auf unseren Körper auswirkt. Dabei fand man unter anderem heraus, dass Menschen, die regelmäßig Gefühle wie Liebe, Freude und Wohlbefinden erleben, einen besseren Herzrhythmus und ein geringeres Infarktrisiko haben. Sie werden schneller gesund und ihr Immunsystem kommt sogar mit Entzündungen besser klar.

Nicht die Dinge selbst beunruhigen die Menschen, sondern die Vorstellung von den Dingen.

Epiktet

Wer sich hingegen ständig unsicher fühlt, unruhig ist und oft Angst hat, steht körperlich wie seelisch unter Dauerspannung. Verspannte Muskeln wiederum wirken sich schädlich auf sämtliche Körperfunktionen aus und tragen auch psychisch zu Angst- und Unsicherheitsgefühlen bei.

Der amerikanische Mediziner Edmund Jacobson hat dies in den 30er Jahren des letzten Jahrhunderts erkannt und mit der Progressiven Muskelrelaxation, kurz PMR, eine effektive und sehr leicht zu erlernende Entspannungsmethode entwickelt: Bewusste Anspannung und tiefe Entspannung der Muskeln sorgen dafür, dass der Körper seine Selbstheilungskräfte aktiviert und sich sogar Ängste auflösen können.

Absolut praktisch an der PMR ist, dass man sie quasi überall und jederzeit anwenden kann und ihre wohltuende Wirkung sofort spürt.

Tipp!

Im Internet gibt es viele Anleitungen für die Progressive Muskelrelaxation nach Jacobsen. Einige Kranken- beziehungsweise Gesundheitskassen bieten sie als Podcast zum Download an.

Auch der griechische Arzt Hippokrates wusste bereits vor 2.500 Jahren um die Macht der Psyche und die körpereigenen Heilkräfte. Er verabreichte seinen Patienten immer wieder auch Medikamente ohne Wirkstoffe – was diese aber nicht wussten – und versicherte ihnen, dass die Medizin garantiert wirken würde. Die Kranken vertrauten ihm, glaubten an den Erfolg der Medizin, entspannten sich und wurden gesund.

Hippokrates nutzte also schon damals das, was man heute den »Placebo-Effekt« nennt, der als neurobiologischer Vorgang inzwischen gut erforscht ist. Um sich selbst vor schädlichen Einflüssen wie Viren und Bakterien schützen und optimal heilen zu können, braucht unser Körper vor allem ein angstfreies, entspanntes und positives Klima aus zuversichtlicher Lebenseinstellung und Vertrauen.

Freude, Positives an sich selbst, an anderen und dem Leben sehen – das ist eine der wesentlichen und kraftvollsten Quellen für unsere Gesundheit.

Ein schlechtes Ereignis in der Tagesbilanz kann laut Psychologen durch fünf bis fünfzehn (da gibt es diverse Meinungen) positive Erlebnisse aufgewogen werden. Wenn wir also das Gute sehen, die vielen Momente des Glücks sammeln, das Leben genießen und uns auf unsere Stärken statt auf unsere Schwächen fokussieren, strömen Glückshormone durch unseren Körper. Wir sind entspannter und schaffen die körperlichen Voraussetzungen, gesund zu bleiben oder zu werden.

★★★

Mit den eigenen Energien gut umgehen

Ich habe immer gern alles sofort und dann hundertprozentig, ach, hundertfünfzigprozentig gemacht. Das kann ganz schön unter Druck setzen. Die Stressforschung hat gezeigt, dass es nicht nur die äußeren Auslöser sind, die uns auf Dauer krank machen können. Es ist vor allem unser Umgang mit uns selbst.

Niemand kann ständig 100 Prozent geben. Oft reichen bereits 80 Prozent unseres Engagements völlig aus, um ein Ziel zu erreichen. Hier sind Tipps, wie man seine Energien besser – und vor allem gesünder – einsetzen kann.

1. *Erwartungen runterschrauben*

Ein erster Schritt, zu große Erwartungen zu reduzieren, ist, überhaupt zu erkennen, dass man unrealistisch hohe Erwartungen hat. Und dann den sprichwörtlichen »Mut zur Lücke« aufbringt. Er entlastet und beinhaltet sogar Raum für Kreativität. Manche entscheidende Idee konnte erst geboren werden, weil es eine Lücke gab.

2. *Das Große und Ganze im Auge behalten*

Beruflich oder privat – es geht um das Große und Ganze, das wir im Auge behalten sollten. Klar, dem Detail muss man die nötige Sorgfalt widmen. Aber ohne sich darin zu verzetteln. Das bindet zu viele Energien.

3. *Mit Kritik umgehen*

Wenn man immer alles perfekt machen will, schwingt häufig die Angst vor Kritik mit. Die kostet Kraft und geht auf Kosten des Selbstbewusstseins. Kritik ist zwar im zwischenmenschlichen Prozess völlig normal, wir müssen allerdings lernen, berechtigte von unberechtigter Kritik zu unterscheiden. Und uns nicht durch die

Reaktionen anderer von der Entscheidung abbringen lassen, uns gut zu behandeln. Dazu auch mehr bei dem Punkt »Gelassener mit Kritik umgehen« (Seite 173).

4. *Um Hilfe bitten*

Niemand kann alles alleine schaffen. Und muss das auch nicht. Sich rechtzeitig die kompetente Unterstützung an seine Seite zu holen, die man braucht, entlastet enorm.

Tipp!

KISS steht für »Keep it short und simple«. Mit anderen Worten: die Dinge nicht unnötig verkomplizieren. Damit spart man eine Menge Energie. Es darf auch einfach sein!

* * *

Gesunde Grenzen setzen

Abgrenzen, Nein sagen – viele Menschen haben damit ein Problem. Auch bei Neurodermitis kann die Unfähigkeit, Nein zu sagen und nicht ständig die Anforderungen anderer erfüllen zu wollen, eine Rolle spielen. Eine Freundin, die Neurodermitis hatte, erzählte mir einmal: »Meine Haut wurde gesünder, als ich endlich Nein sagen konnte und merkte, dass ich nicht alles kann. Dass ich aber auch nicht alles können muss und mein eigenes Tempo haben darf.«

Nein sagen fällt uns deshalb oft so schwer, da wir befürchten, die Wertschätzung und Zuneigung von Menschen zu verlieren. Manchmal kommen auch Schuldgefühle dazu, weil man glaubt, dass man als Mitarbeiter, als Freundin, gute Bekannte oder Familienmitglied eine Bitte nicht einfach abschlagen kann. Auch wenn sie gerade überhaupt nicht in die eigene Planung passt.

Wenn wir aber ständig die Bedürfnisse anderer und ihre Anforderungen an uns vor unsere eigenen Bedürfnisse und Möglichkeiten stellen, setzen wir nicht nur unseren Selbstwert herab – wir verlieren auch unseren Schwung.

Denn immer das Tempo von anderen mitzumachen und gegen den eigenen Rhythmus zu leben kostet Kraft. Energie, die uns für den Erhalt oder die Wiederherstellung unserer Gesundheit nicht mehr zur Verfügung steht. Die Haut spricht dann manchmal das Nein, das wir selbst nicht auszusprechen gewagt haben.

Es gibt eine Form des Egoismus, die so nährend für uns ist, dass wir dadurch anderen viel zu geben haben.

Marshall Rosenberg

Die Wünsche anderer zu erfüllen, um gemocht zu werden, ist kindliches Denken. Heute sind wir erwachsen und haben ein Recht auf unsere eigenen Interessen, Methoden und Träume. Wir brauchen sie auch dringend, um gesund zu bleiben und uns entwickeln zu können. Wenn wir uns mit unseren eigenen Anliegen ernst nehmen, gewinnen wir das gute Gefühl, bei uns sicher aufgehoben zu sein, und unsere Selbstachtung zurück. Und auch das Vertrauen und den Respekt anderer. Denn gerade dann, wenn wir uns erlauben, wir selbst zu sein, tragen wir zu aufrichtigen und ausgewogenen Beziehungen bei und können unser Leben viel besser nach unseren Vorstellungen gestalten. Mal ganz abgesehen davon, dass wir durch ein gelegentliches freundliches, aber klares Nein ein hilfsbereiter Mensch bleiben.

Denn ich habe erst spät entdeckt, wie leicht es ist, einfach nur Nein zu sagen
William Somerset Maugham

Wenn wir etwas nicht wollen, können wir die Absage vor dem Spiegel üben. Einfach laut und freundlich sagen: »Tut mir leid, aber da habe ich keine Zeit.«

Wir müssen unsere Entscheidung nicht rechtfertigen. Falls jemand trotzdem nicht locker lässt, kann man freundlich nachfragen, welcher Teil des Neins nicht verstanden wurde. Dann weiß der Gesprächspartner, dass wir genau wissen, was wir wollen und was nicht.

Am Anfang kostet die Spiegelübung Überwindung. Aber je öfter man sein Nein laut ausspricht, umso selbstverständlicher wird es.

Ein Nein bedeutet immer auch ein Ja zum eigenen Leben im Sinne von »Ich tue es für mich, nicht gegen dich«. Damit drücken wir die Wertschätzung uns selbst und unseren Bedürfnissen gegenüber aus.

Sich gesund abzugrenzen, Nein zu sagen, wenn man Nein meint, ist ein echter Lernprozess. Für den man Entschlossenheit, Durchhaltevermögen und Mut braucht. Aber er lohnt sich. Denn jedes Mal, wenn wir uns nicht verbiegen oder selbst verraten, wächst unsere innere Stärke. Wir gewinnen zunehmend mehr Klarheit über das, was wir selbst möchten, und trauen uns immer mehr zu. Und andere tun das dann auch.

Der Ursprung allen Konfliktes zwischen mir und meinen Mitmenschen ist, dass ich nicht sage, was ich meine, und dass ich nicht tue, was ich sage.

Martin Buber

★★★

Abstand halten

Vieles ist mir früher im wahrsten Sinne des Wortes unter die Haut gegangen. Mittlerweile habe ich eine Strategie, die Dinge nicht immer gleich so nah an mich heranzulassen, sondern sie zunächst mit Abstand zu betrachten. Und mich auch nicht mehr von der Hektik um mich herum anstecken zu lassen.

Abstand halten muss man trainieren. Indem man sich beispielsweise immer wieder fragt, ob das, was gerade um einen herum geschieht, wirklich etwas mit einem selbst zu tun hat. Und wenn dies nicht der Fall ist, lässt man es ganz bewusst vor dem inneren Gartenzaun. Abstand halten übt man auch, indem man einige Male tief durchatmet, sich einen Tee kocht oder das Zimmer kurz verlässt. Damit gewinnt man neben der gedanklichen auch räumliche Distanz und kann die Lage aus einer anderen Perspektive neu einschätzen.

Tipp!

Das Bild eines Gartenzauns hilft, Abstand zu halten. All das, was man nicht zu nah an sich heranlassen möchte, bleibt vor dem Zaun. Und man entscheidet selbst, wann man das Gartentürchen öffnet.

★★★

Ja sagen

Auch Ja sagen will gelernt sein. Zu sich selbst, den eigenen Wünschen und Bedürfnissen, zu seinen Gefühlen und zum Bauchgefühl. Das manchmal unbequeme Botschaften schickt, die man nur zu gern ignorieren würde. Die man aber ernst nehmen sollte, wenn man sich wohlfühlen möchte.

Das Ja zu einer Arbeit, die vielleicht nicht immer Spaß macht, die aber dazu beiträgt, dass man so leben kann, wie man möchte, löst sofort Blockaden und macht das Leben leichter. Weil einem die Kraft, die bisher in die Ablehnung geflossen ist, nun für andere Dinge zur Verfügung steht.

Es geht überhaupt um das grundsätzliche Ja zu den Dingen, die uns gut tun. Wozu insbesondere auch Beziehungen und

Menschen gehören. So sehr man sich auf der einen Seite abgrenzen muss, so wichtig ist es auf der anderen Seite, mit anderen Menschen zusammen und für sie da zu sein. Immer vorausgesetzt, wir möchten das und es stimmt für uns.

Und schließlich zeigt sich ein Ja auch darin, dass auch wir Unterstützung annehmen, wenn wir sie benötigen.

Früher war ich kontaktscheu und zog mich – wenn es nur irgendwie ging – zurück.

Heute weiß ich, wie gut mir das Zusammensein mit Menschen tut. Gerade wenn es mir nicht so gut geht, kann der Kontakt mit Menschen, denen ich vertraue und die mich gut kennen, wichtig sein. Statt mich abzuschotten, verabrede ich mich dann. Und fühle mich noch Stunden später belebter, erfüllter, fröhlicher und energiegeladener. Aber auch der Raum für mich alleine ist extrem wichtig und ich nehme ihn mir inzwischen ohne schlechtes Gewissen. Damit mich meine Haut nicht dazu zwingen muss.

Die richtige Balance zwischen Ja und Nein, zwischen Abgrenzen und in Kontakt bleiben zu finden – das ist immer wieder eine spannende, elementare Aufgabe.

★ ★ ★

Freude – der optimale Entstresser

Das Beste, was wir gegen Stress und für unsere Gesundheit tun können, ist, uns so oft wie möglich zu freuen. Freude ist die reinste Entspannung und wahre Medizin für den Körper. So konnten Wissenschaftler nachweisen, dass Wunden unter Stress schlechter heilen, unsere Immunabwehr aber stark und aktiv ist, wenn wir innerlich entspannt sind, uns wohlfühlen und uns freuen. Und selbst wenn wir nur so tun, als freuten wir uns, wird das Immunsystem angeregt. Schauspieler haben in einem Versuch Gefühlszustände wie Trauer und Freude nachgespielt. Bei traurigen Szenen nahm die Anzahl der Abwehrzellen ab. Taten die Schauspieler aber so, als würden sie sich freuen, wurden die Abwehrzellen aktiver.

Das Immunsystem ist allerdings klug genug zu wissen, dass wir nicht immer nur gut gelaunt sein können. Ab und zu schlechte Stimmung zu haben und sich nicht gut zu fühlen wirft es nicht aus der Bahn.

> Gesundheit ist weniger ein Zustand
> als eine Haltung. Und sie gedeiht mit
> der Freude am Leben.
>
> Thomas von Aquin

Vor allem das Lachen in einer fröhlichen Situation wirkt wie eine Kur auf den ganzen Körper. Es lockert die Muskeln, befreit angestaute Emotionen, aktiviert die Selbstheilungskräfte und setzt Glückshormone frei. Die dafür sorgen, dass wir uns sofort besser fühlen. Schon zwei Minuten herzhaftes Lachen sollen so gesund sein wie zwanzig Minuten Joggen, zehn Minuten Lachen den Effekt von dreißig Minuten Entspannungstraining haben. Forschungsergebnisse zeigen, dass Lachen die Bauch- und Rückenmuskulatur fast genauso stark aktiviert wie Krafttraining. Zwar bleiben einem psychische Herausforderungen und schwierige Lebensereignisse durch Humor nicht erspart. Aber die Heiterkeit hilft dabei, sie besser und gesünder zu bewältigen.

Tipp!

»Worüber habe ich mich heute schon gefreut?« Diese Frage sollten wir uns zwischendurch immer mal wieder stellen. Und uns daran erinnern, wie wichtig die tägliche Freude für unser Wohlbefinden ist. Wir können uns zum Beispiel ein kleines Geschenk machen oder Qualitätszeit mit uns verbringen. Und im Alltag nach humorvollen Situationen Ausschau halten. Auch spielerisch an die Dinge heranzugehen und nicht immer alles so ernst zu nehmen, führt zu spontaner Heiterkeit. Und wenn sich tatsächlich weit und breit keine Gelegenheit zum Lachen oder Lächeln findet, kann man lustige Filme ansehen, amüsante Bücher lesen oder witzige Cartoons über den Schreibtisch hängen. Ein tägliches Lach- und Lächelprogramm ist Balsam für Körper und Geist. Und wie hat Charlie Chaplin gesagt? »Ein Tag ohne Lächeln ist ein verlorener Tag.«

★ ★ ★

Gelassener mit Kritik umgehen

Kritisiert zu werden fühlt sich nicht gut an. Besonders, wenn man durch seine Haut sowieso schon »angekratzt« ist. Dann ist man schnell noch mehr verletzt, gekränkt, vielleicht sogar beschämt und es kann lange dauern, bis man sich davon wieder erholt.

Gerade wenn man damit beginnt, für sich zu sorgen, wenn man Grenzen setzt, Nein sagt und sein Verhalten ändert, sind manche Menschen verunsichert und reagieren mit Kritik. Es ist ja auch irritierend, wenn jemand plötzlich, der sich sonst immer eher angepasst verhielt, eine eigene Meinung vertritt.

Kritik an uns oder unserem Verhalten kann uns immer wieder passieren. Doch kann man lernen, mit ihr so umzugehen, dass sie uns nicht bis ins Mark erschüttert.

1) Zunächst sollte man sich die Kritik in Ruhe anhören, sie auf sich wirken lassen und nicht sofort reagieren. Ist sie unberechtigt, weist man sie zurück, indem man das Gesagte zusammenfasst und den eigenen Standpunkt erklärt.

2) Ist die Kritik aber berechtigt, bietet sie die Chance, an diesem Punkt persönlich zu wachsen. Nachfragen – »Was genau meinen Sie?« – schafft Klarheit und gibt Zeit zum Nachdenken. Mancher Kritiker ist nicht in der Lage zu sagen, um was es ihm eigentlich geht. Mit dieser Kritik muss man sich dann auch nicht weiter beschäftigen. Antwortet der Kritiker aber detailliert und kann man mit seinen beanstandeten Punkten etwas anfangen, sollte man ruhig fragen, was man in Zukunft besser machen kann. Daraus entwickelt sich oft ein konstruktives Gespräch und man hat nicht das Gefühl, sich verteidigen zu müssen.

Tipp!

Hilfreich ist auch, die Perspektive des Kritikers einzunehmen. Man kann zum Beispiel sagen: »So habe ich das noch gar nicht gesehen.« Damit zeigt man seinem Gegenüber, dass man dessen Meinung respektiert und auf Augenhöhe mit ihm ist.
Was kritisiert wird, ist aber nur eine mögliche Sichtweise – und zwar die des Kritikers. Es gibt noch unzählige andere. Macht man sich dies bewusst, fühlt man sich meist gleich auch schon viel besser.

★ ★ ★

Jetzt mal langsam

Der Alltag ist hektisch und eng getaktet: Kinder wegbringen, arbeiten, einkaufen. Kinder holen, zum Sport oder sich mit Freunden verabreden. Auf Dauer tut Zeitdruck nicht gut.

Man kann vielleicht nicht jeden Tag entschleunigen, aber man kann sich immer mal wieder fragen, ob man sich gerade wirklich so stressen muss. Dann tief durchzuatmen und es ab jetzt ein wenig langsamer angehen lassen, ist schon ein großer Schritt in Richtung Entschleunigung. Auch sich einen Tag vorzunehmen – zum Beispiel den Sonntag –, an dem es nur nach dem eigenen Zeitmaß geht, nimmt viel Druck. Allmählich findet man so sein Wohlfühltempo, mit dem man einen längeren Atem hat und intensiver lebt. Weil man nicht mehr über die Zeit hinweghuscht, sondern sie viel bewusster erlebt.

»Gott gebe mir die Gelassenheit, die Dinge hinzunehmen, die ich nicht ändern kann. Den Mut, die Dinge zu ändern, die ich ändern kann. Und die Weisheit, das eine vom anderen zu unterscheiden.«

Das bekannte Gebet des amerikanischen Theologen Reinhold Niebuhr hilft vielen Menschen, in aufwühlenden Situationen Ruhe zu bewahren. Hier sind weitere Ideen für mehr Gelassenheit.

- Wenn alles zu viel wird – Stopp! Warum ist es gerade so stressig? Was ist das Wichtigste? Was muss zuerst getan werden? Sich der Situation bewusst zu werden und sich auf sie zu konzentrieren gibt die Kontrolle zurück.

- Aufstehen und bewegen! Treppen steigen, um den Block gehen, Rad fahren. Bewegung bringt uns aus dem Kopf in den Körper. Die Stressenergie wird effektiv umgeleitet und die Stresshormone im Körper werden abgebaut.

- »Count your blessings«, sagen die Engländer – zähle das, womit du gesegnet bist und was dir an Gutem im Leben widerfahren ist. Auf das Gute zu sehen tut nachweislich gut. Wissenschaftlich belegt ist, dass Menschen, die sich nicht ständig mit anderen vergleichen, mehr in sich selbst ruhen und dadurch zufriedener und gelassener sind.

★★★

3. Ernährungskonzept

Essen, was gut tut

> *Eure Nahrungsmittel sollen eure Heilmittel sein.*
>
> *Hippokrates*

Zum Thema Neurodermitis und Ernährung gibt es eine wahre Flut an Informationen, Empfehlungen und Tipps. Einerseits werden spezielle Neurodermitiker-Diäten angepriesen, andererseits wird von ihnen abgeraten. Das ist verwirrend und extrem unbefriedigend, weil man sich an keine allgemeingültigen Regeln und Ernährungsformen halten kann. Aber ob einen nun die Heilung der Haut oder ein anderes gesundheitliches Thema beschäftigt – den eigenen Weg der Ernährung zu finden ist immer eine große Herausforderung. Nicht zuletzt ist er eine Frage der persönlichen Lebensphilosophie und des Wohlfühllevels, den man erreichen möchte. Denn wir sind, was wir essen.

Wollen wir uns also in unserer Haut und unserem Körper gut fühlen, kommen wir daher irgendwann nicht mehr drum herum, bei dem, was wir uns täglich »einverleiben«, auf uns zu achten und allmählich herauszufinden, was Körper und Seele gerade bekommt und was nicht.

Was meine Ernährung mit meiner Haut zu tun hat

Ich habe eine Zeitlang nur Rohes, dann über Monate nur Gekochtes und schließlich beides zusammen gegessen. Ich habe Salz vermieden, scharf Gewürztes sowieso, habe auf

Kaffee, Tee, Schokolade, Kuchen und Süßigkeiten verzichtet. Auf Eier und alles, was aus Milch hergestellt wird. Ich habe nur noch Hanföl genutzt, mehrere Tage ausschließlich Reis mit Obst gegessen. Dann Reis ohne Obst, dann nur noch Kartoffeln. Ich weiß gar nicht mehr, was ich alles ausprobiert habe. Seit es mir gut geht, mache ich die Erfahrung, dass mein Körper auch mit Lebensmitteln klarkommt, die er nicht so gut verträgt. Die ich aber ab und zu trotzdem ganz bewusst esse, damit er keine Abwehr dagegen entwickelt.

Mittlerweile ist wissenschaftlich nachgewiesen, dass die Abstinenz von bestimmten Dingen die Intoleranz nur vergrößert.

Experten haben Eltern bisher dazu geraten, Nahrungsmittelallergene möglichst lange von ihren Kindern fernzuhalten. Heute empfiehlt eine britische Studie genau das Gegenteil: Hat ein Kind beispielsweise ein hohes Allergierisiko gegen Erdnüsse, sollte es so früh wie möglich Lebensmittel mit Erdnüssen essen.

Ich habe von einem Neurodermitiker gehört, der sich von seiner schweren Neurodermitis und extremen Zitrusfrucht-Unverträglichkeit befreit hat, indem er mehrere Tage große Mengen an Zitronen, Mandarinen und Grapefruits verzehrt hat. Ob es wahr ist – keine Ahnung. Aber es gibt zumindest eine Idee davon, wie unterschiedlich sich Nahrungsmittel auf unseren körperlichen Zustand auswirken können.

Inzwischen kenne ich die Lebensmittel, die ich besser meiden sollte. Wenn ich richtig Lust darauf habe, esse ich sie aber auch aus einem weiteren Grund hin und wieder. Denn alles, was mich zwingt, konsequent einer Regel zu folgen, fördert meinen inneren Stress und verleitet mich früher oder später dazu, diese Regel zu brechen.

Wenn ich in einem Umfeld wie einer Klinik bin, in dem es keine Alternativen zum Essen gibt und mir das Angebot an Lebensmitteln sinnvoll erscheint, fällt es mir leicht, mich darauf einzulassen. Zu Hause allerdings schleicht sich das Verlangen nach bestimmten Lebensmitteln, die nicht auf dem Plan stehen, wieder ein. Das habe ich schon zigmal erlebt und inzwischen verstanden, dass ich keine bestimmte Ernährungsform verfolgen kann und es auch nicht mehr möchte. Also konnte ich auch meine Genesung nicht über eine rigide Diät finden, wie überzeugt ich auch von ihr sein mochte. Ich brauchte eine Ernährungsform, bei der mich nicht immer gleich das schlechte Gewissen plagte, weil ich schon wieder etwas gegessen hatte, was nicht auf der »Erlaubt«-Liste stand.

Nach jahrelangem Experimentieren bedeutet gesund essen heute für mich, das zu mir zu nehmen, was meinem Körper und meiner Psyche nicht schadet. Was die Auswahl meiner Nahrungsmittel angeht, fühle ich mich heute absolut frei. Weil ich keiner Diät und keinem Dogma mehr unterworfen bin, sondern aus freier Entscheidung meide, was mir nicht gut tut. Und aus derselben Freiheit heraus wähle, was mir bekommt.

Die häufigsten Lebensmittel und auch Substanzen, die im Zusammenhang mit Neurodermitis immer wieder genannt werden, und meine persönlichen Erfahrungen mit ihnen habe ich auf den folgenden Seiten zusammengestellt.

Alkohol

Ich mag keinen Alkohol und trinke daher auch keinen. Abgesehen davon tut er mir körperlich nicht gut und ich erlebe die Welt auch lieber mit klarem Bewusstsein. Alkohol und Haut passen aber auch nicht wirklich gut zusammen. Er entzieht ihr viel Wasser und wirkt sich unter anderem negativ auf das Immunsystem aus. Dessen Funktionieren jedoch gerade für Neurodermitiker besonders wichtig ist, weil beim Abbauprozess viele toxische Substanzen entstehen, die die körpereigene Abwehr belasten. In Chianti, Champagner und Bordeaux steckt außerdem sehr viel Histamin, das bei empfindlichen Menschen den Juckreiz und die Neigung zu Allergien und Hautausschlag fördert.

Eier

Eier und alles, in dem Eier enthalten sind, habe ich lange gemieden. Weil Hühnereier neben Kuhmilch als eine der häufigsten Ursachen einer Allergie oder Nahrungsmittelunverträglichkeit gelten. Inzwischen genieße ich wieder ab und zu ein Frühstücksei und meine Haut tut es auch.

Essig

Ich liebe Saures, aber Essig geht gar nicht. Wie auch alles, was mit Essig verarbeitet ist – saure Gurken, Oliven, Mixed Pickles. Stattdessen greife ich gern bei milchsauer eingelegtem Gemüse zu. Allerdings auch nicht ständig, denn auch hier reagiert die Haut gern mal empfindlich.

Eine Zeit folgte ich der Empfehlung, verdünnten Apfelessig zu trinken, um die Symptome der Neurodermitis durch dessen Einwirkung auf den Stoffwechsel zu lindern. Vielen hilft dies, meine Haut hat es eher unruhiger gemacht. Etwas anderes ist es, den Essig äußerlich stark verdünnt auf die Haut aufzutragen. Da kann er juckreizstillend und desinfizierend wirken und dabei helfen, neuen Entzündungen vorbeugen.

Fleisch und Fisch

Die Frage Fleisch und Fisch ist eine sehr persönliche, die jeder für sich selbst und nach seinen eigenen Kriterien und Wertvorstellungen entscheiden muss. Laut Naturheilkunde stellt Fleisch, vor allem in größeren Mengen, für den Organismus eine Belastung dar und übersäuert das Gewebe. Im Zusammenhang mit Neurodermitis gibt es die Empfehlung, Geflügel, Schweinefleisch, Fisch und Schalentiere zu meiden, da sie häufig nicht gut vertragen werden. Ich persönlich verzichte auf Fleisch und Fisch.

Gewürze

Grundsätzlich meide ich alles, was scharf und sehr würzig ist. Meine Haut reagiert fast immer gereizt und zum Glück mag ich es auch nicht. Den Eigengeschmack der Lebensmittel genieße ich dafür umso mehr. Dass sich eine zu Aufregung neigende Haut bei einer milden und reizarmen Ernährung wohler fühlt, erscheint mir auch nur logisch.

Getreide

Ich war lange ein Fan von Max Otto Brukers (der Arzt aus Lahnstein, Seite 80) Frischkornmüsli und habe leidenschaftlich gern Brot gegessen. Inzwischen nehme ich nur noch wenig Getreide zu mir und glaube, dass es meiner Haut und meinem Körper gut tut. Gluten, das Klebereiweiß im Getreide, das unter anderem dafür sorgt, dass der Teig beim Backen gut aufgeht und nicht reißt, wird auch immer wieder im Zusammenhang mit einer Verschlechterung der Haut diskutiert. Gluten gelangt durch die Verdauung in den Darm, wo seine Bestandteile eine Erhöhung der Durchlässigkeit der Darmwände oder sogar eine Entzündung der Darmschleimhaut verursachen können. Dadurch können dann wichtige Vitamine, Mineral- und andere Nährstoffe nicht mehr richtig aufgenommen werden. Die Krankheit Zöliakie, die manchmal bei Erwachsenen Sprue genannt wird, ist eine genetisch bedingte Nahrungsmittelunverträglichkeit gegen Gluten. Buchweizen, Hirse, Reis, Mais, Amaranth und Quinoa sind glutenfrei.

Histaminhaltige Lebensmittel

Früher wusste ich nicht, warum meine Haut nach Sauerkraut juckte. Heute weiß ich es: Sauerkraut ist eine wahre Histaminbombe. Histamin kommt in vielen Lebensmitteln vor und man bringt es mit Juckreiz, Hautrötungen, laufender Nase, Quaddeln, Migräne, Übelkeit oder Durchfall in Zusammenhang. Alles, was lange gereift, gegoren, geräuchert oder auch gekühlt ist, enthält Histamin. Ich vermeide, gehäuft Lebensmittel mit hohem Histaminanteil zu essen.

Kaffee

Ab und zu lege ich eine längere Pause vom Kaffee ein und genieße ihn dann wieder umso mehr. Kaffee ist ein kleines Wunder: Über 1.000 Substanzen tragen zu seinem betörenden Aroma bei und das Koffein wirkt nicht nur konzentrationsfördernd, es regt auch den Stoffwechsel an. Was bei Neurodermitis aber eher ungünstig ist. Denn durch die vermehrte Durchblutung der Haut wird auch der Juckreiz stärker.

Das Koffein im Kaffee täuscht dem Körper leider auch Stress vor, weil es den Nebennieren signalisiert, mehr von dem Stresshormon Adrenalin zu produzieren. Ständiger Kaffeekonsum versetzt den Körper also in Daueralarm und das ist definitiv nicht gesund. In meinen Kaffeephasen ist meine Haut auch leicht trockener. Alternativ zum Kaffee trinke ich gern den würzigen Lupinenkaffee, der sogar – für alle, die Wert darauf legen möchten oder es müssen – glutenfrei ist.

Milch und Milchprodukte

In den letzten Jahren habe ich den Verzehr von Joghurt, Kefir, Quark und anderen Milchprodukten komplett eingestellt. Ab und zu genieße ich aber gern ein Stück Käse und mein Lieblingseis, das mich sofort auf den Gipfel des Genusses katapultiert, ist ein cremiges Stück Glück aus reinster Sahne.

In der Klinik in Lahnstein habe ich bei Patientinnen und Patienten erstaunliche Veränderungen durch das Meiden von tierischem Eiweiß und Milchprodukten erlebt. Traude, eine ältere Dame, hatte völlig arthritische Hände, ihre Finger mit dicken, knorpeligen Gelenken konnte sie schon lange nicht mehr strecken. Sie hielt sie wie Krallen. Nach sechs Wochen war sie in der Lage, die Finger wieder zu bewegen, und die Gelenke waren deutlich abgeschwollen. Von vielen Neurodermitikern weiß ich, dass ihnen der Verzicht auf Milch gut tut. Aber viele stellen beim Genuss von Milcherzeugnissen auch keine Verschlechterung der Haut fest. Und falls doch, werden Ziegen- oder Schafmilchprodukte oft besser vertragen.

Über kaum ein Lebensmittel gibt es so viele gegensätzliche Meinungen und Studien wie zur Milch. Tatsache ist, dass Milch neben Weizen, Eiern und Nüssen das häufigste Allergen darstellt und viele Kinder auf artfremde Milch mit Allergien oder Unverträglichkeitssymptomen reagieren. Auch dass die Milch wegen ihres hohen Kalziumgehalts Osteoporose – den Knochenschwund – verhindert, ist widerlegt. In den westlichen Industriestaaten, wo am meisten Milch konsumiert wird, ist die Osteoporosequote am höchsten. In anderen Ländern, vor allem in asiatischen, wo kaum Milchprodukte verzehrt werden, ist Osteoporose dagegen praktisch unbekannt.

Milch besteht vor allem aus Wachstumshormonen in gelöster Form. Die Natur hat sie vor allem für die Aufzucht von Kälbern vorgesehen. Und nicht als Grundnahrungsmittel für Menschen.

Es fehlt uns nach dem ersten Lebensjahr das Enyzm Laktase, ein spezieller Verdauungsfaktor im Magen, der die Milch für den Organismus verwertbar macht. Der Verzehr von Milchprodukten führt daher bei einigen Menschen zu Bauchschmerzen, Völlegefühl, Blähungen, Verstopfung oder Durchfall. Wer diese Probleme hat, aber nicht auf Milchprodukte verzichten will, kann Laktase als Tabletten zu sich nehmen, die die Verdaulichkeit der Milch wieder möglich machen.

Die Kuhmilchallergie oder -unverträglichkeit, die im Zusammenhang mit Neurodermitis häufig vorkommt, hat aber nichts mit der Laktoseintoleranz zu tun. Bei der Kuhmilchallergie reagiert der Körper nicht auf den Milchzucker, sondern auf die Eiweiße in der Milch. Sie lösen die Immunreaktion aus, die sich in allergischen Reaktionen, einer Verschlechterung des Hautbildes oder Neurodermitisschüben bemerkbar macht.

Obst und Zitrusfrüchte

Manche Neurodermitiker haben mit Äpfeln Probleme und mit Obst, das viel Säure enthält. Ich dagegen vertrage Äpfel prima, Birnen, Kirschen und Himbeeren auch. Papaya – für andere völlig unproblematisch – geht bei mir dafür nicht. Ich kenne Menschen mit Neurodermitis, für die Zitrusfrüchte kein Thema sind. Andere müssen sofort aus dem Raum gehen, wenn eine Mandarine geschält wird. Ich esse schon Jahrzehnte keine Orangen, Zitronen, Grapefruits oder Mandarinen und meide auch alles, was aus und mit ihnen hergestellt wird. Wie Marmelade oder Tomaten in Dosen beispielsweise, denen häufig Zitronensäure zur Konservierung zugesetzt wird.

Frisches Obst ist aufgrund seiner Vitamine und anderer wertvoller Inhaltsstoffe ein wunderbares Lebensmittel. Allerdings enthalten die besonders süßen Sorten auch sehr viel Fruchtzucker (Fruktose), der im Übermaß gegessen genauso schädlich ist wie Zucker.

Öle

Hochwertige Öle wie Hanf-, Lein- und Olivenöl gehören auf meinen täglichen Speiseplan. Hanf- und Leinöl besitzen die entzündungshemmende und daher für die Haut extrem wichtige Gamma-Linolen-Säure. Die kennt man auch von Nachtkerzen-, Schwarzkümmel- oder Borretschsamenöl, das bei Neurodermitis empfohlen wird. Bei Hanföl liegen die lebenswichtigen Omega-3- und Omega-6-Fettsäuren (Gamma-Linolen-Säure ist eine Omega-6-Säure) im für uns idealen Verhältnis 1:3 vor. Sie regulieren die Entzündungsprozesse, reparieren Zellen und stärken das Immunsystem. Auch sind sie für die Produktion vieler wichtiger Hormone zuständig und sorgen für die optimale Funktion von Gehirn und Nerven.

Zucker

Süßigkeiten führen bei vielen Menschen mit Neurodermitis oft bereits kurz nach dem Genuss zu Juckreiz. Wobei Zucker nicht der alleinige Übeltäter ist. Die vielen Zutaten und Zusatzstoffe in Süßkram können die Haut genauso irritieren.

Aus unzähligen Studien weiß man heute, dass viel Zucker absolut ungesund ist. Er führt nicht nur zu Karies und Übergewicht, er raubt dem Körper neben lebenswichtigen Mineralstoffen auch die für die Haut so wichtigen B-Vitamine und fördert das Entstehen von Diabetes und Arteriosklerose. Darüber hinaus bietet er die ideale Ernährungsgrundlage für Darmpilze, die die an unserem Wohlbefinden maßgeblich beteiligte Darmflora aus dem Gleichgewicht bringen können.

Deutsche essen jährlich 36 Kilogramm Zucker. 1874, als Zucker noch selten und kostbar war, waren es noch rund 6,2 Kilogramm. Spitzenreiter im Zuckerverzehr sind übrigens die Amerikaner, die es pro Jahr auf üppige 58 Kilogramm bringen.

Ich habe mir tägliche Schokolade mühsam abgewöhnt, aber die Süße des Lebens darf auch mal aus Eis, Torte und Pralinen bestehen. Insgesamt aber achte ich darauf, möglichst wenig von dem »weißen Gift«, das vor 100 Jahren noch als »weißes Gold« verehrt wurde, durch meinen Körper zu schleusen.

Zwiebeln

In einem Artikel über die Ernährung in der Traditionellen Chinesischen Medizin (TCM) las ich, dass Zwiebeln erhitzend wirken und die Trockenheit der Haut verstärken. Und daher trotz all ihrer tollen Inhaltsstoffe bei Neurodermitis nicht zu empfehlen sind. Ich ließ Zwiebeln weg und der Juckreiz an den Fingern, der immer mal wieder auftauchte, verschwand. Ab und an Zwiebeln sind aber überhaupt kein Problem.

■ *Regeln, die gut tun*

Einige Regeln finde ich für meine Ernährung und mein Lebensgefühl sinnvoll und hilfreich:

80:20

Zu 80 Prozent ernähre ich mich »gesund«, zu 20 Prozent mit dem, worauf ich Appetit habe und was durchaus auch »ungesund« sein darf. Gesund sind frische Lebensmittel, viel Gemüse und Obst und die geistige Freiheit, mich auch für Essen entscheiden zu können, dass dem reinen Lustbedürfnis entspringt. Ohne dafür mit schlechtem Gewissen zu bezahlen.

Ich merke allerdings auch, dass mein Körper mehr Arbeit mit Nahrungsmitteln hat, die ihm nicht gut bekommen, und erspare ihm dies nach Möglichkeit.

Einer der schönsten Aspekte meiner Genesung ist, mich nicht mehr sklavisch an Ernährungsregeln halten zu müssen. Aber auch die Verantwortung dafür zu übernehmen, wenn meine Haut nach zu viel Lust-Essen irritiert reagiert.

In Ruhe und mit Ruhe essen

»Wenn ich esse, esse ich«, heißt es in einer buddhistischen Weisheit. Das tue ich auch. Kein Buch, keine Zeitung, kein Fernsehen, die mich vom Genuss der Mahlzeit ablenken.

Nichts dazwischen

Dem Körper tut eine mehrstündige Pause von Nährstoffen zwischen den Mahlzeiten gut. Er kann die Nahrung dann ideal verarbeiten und man erlebt auch den lebendigen Rhythmus zwischen Sattsein und Wieder-hungrig-Werden viel bewusster.

4. Hautgesundheit

Pflege, Streicheln und Vertrauen

Ob ich nun immer auf Cremes verzichten werde? Ich weiß es nicht. Ich habe es getan, weil ich meine entzündete und tobende Haut beruhigen wollte. Was mit dem Cremeverzicht tatsächlich gelungen ist. Heute signalisiert mir meine Haut täglich, dass sie keine Cremes braucht und möchte. Aber vielleicht ist das in einigen Jahren oder sogar morgen schon anders und ihr gefällt es, wenn ich mal wieder eine benutze.

Sich seiner eigenen Haut zuzuwenden ist ein wichtiger Wohlfühlfaktor, der sich auf unser gesamtes Befinden überträgt. Am einfachsten ist das mit duftenden Bädern und Cremes oder Lotions, die man sanft in die Haut einmassiert. In der Klinik Neukirchen hatte ich einmal ein fast feierliches Gefühl von »Salbung«, als ich eine Creme mit Weihrauch zum ersten Mal auftrug. Ich stellte mir vor, wie sie mich heilen würde, und machte das Eincremen zu einem kleinen Heilungsritual.

Da ich nun aber weder Cremes noch andere Produkte benutze, musste ich etwas anderes finden, mit dem ich mir auf dem Weg über die Haut Zuwendung schenken kann.

Hauthunger und Streicheleinheiten

Es donnert und blitzt. Ein kleiner Junge springt aus dem Bett, rennt zu seinen Eltern ins Schlafzimmer und kuschelt sich an sie. »Der liebe Gott passt gut auf dich auf«, sagt der Vater und streichelt seinen Sohn beruhigend. »Kann sein«, sagt der kleine Junge, »aber ein richtiger Mensch ist mir jetzt lieber.«

Besser als in dieser netten Geschichte lässt sich Hauthunger nicht beschreiben: Es ist das Bedürfnis unserer Haut und Seele nach Zuwendung, Liebkosungen und Schutz. Um es zu stillen, kann man sich selbst über die Haut streicheln oder Zärtlichkeiten mit dem Partner oder der Partnerin austauschen. Auch Umarmungen oder Massagen sind ideale Möglichkeiten, den Wunsch der Haut nach Berührung zu erfüllen und sie zu genießen. Alle Berührungen, wenn sie angemessen und willkommen sind, tun uns rundum gut – der Kuss zur Begrüßung auf die Wange, die sanften Berührungen der Hände oder am Arm. Sie sind kostbare Gesten, die Unterstützung signalisieren und uns versichern: »Du bist willkommen und nicht allein.«

Berührungen, die wir selbst gern geben und von anderen empfangen, schenken uns neue Kraft, weil sie unsere Energie wieder aufladen und zum Fließen bringen.

★★★

Sonnenschutz

Mein bester Sonnenschutz ist, nicht in die knallige Sonne zu gehen. Und wenn es sich nicht vermeiden lässt – am Meer oder in den Bergen beispielsweise – dann ziehe ich mir immer etwas über, trage einen großen Hut und habe manchmal sogar einen Schirm dabei. Das fand ich am Anfang hochalbern, aber den Schutz meiner Haut ist mir dieses Outfit wert.

Herkömmliche Sonnencremes enthalten darüber hinaus oft viele gesundheitsschädliche Chemikalien, darunter auch krebsauslösende Substanzen wie Retinylpalmitat, Titan- oder

Zinkoxide, die über unsere Haut aufgenommen werden und so in den Körper gelangen. Mal ganz abgesehen davon, dass sie der Umwelt zuliebe auch nicht zu empfehlen sind.

* * *

Täglich duschen?

Zu viel Wasser – wenn es nicht gerade zu therapeutischen Zwecken wie bei der Dauerdusche dient – stresst die Haut und schadet ihr nachweislich. Denn unsere Haut ist mit einer Bakterienschicht überzogen, die sie zum Gesundbleiben dringend braucht. Durch tägliches Duschen und Einseifen wird dieser empfindliche Schutzfilm, der auch Säureschutzmantel heißt, zerstört und die Kittsubstanz zwischen den einzelnen Hornzellen angegriffen. Dadurch verliert die Haut Feuchtigkeit und Keime oder schädliche Bakterien können in den Körper eindringen. Nach dem Duschen dauert es dann wieder mehrere Stunden, bis die Haut ihren Schutz erneut aufgebaut hat.

Wir neigen dazu, uns viel zu oft abzuschrubben, weil wir denken, dass der Körper dreckig ist. In übertriebener Hygiene sehen Wissenschaftler aber heute auch eine der Ursachen für die Zunahme von Neurodermitis und empfehlen, ein- bis maximal zweimal pro Woche zu duschen und sich ansonsten mit dem Waschlappen und einem milden, seifenfreien Produkt zu waschen. Die Haut dankt es. Vor allem in den Wintermonaten, in denen sie durch Kälte und trockene Luft sowieso schon extrem herausgefordert ist.

* * *

Hände waschen, Hände schützen

Nachdem ich auch aufgehört hatte, die Hände einzucremen, wollte ich sie auf andere Art schützen. Ob Haarewaschen, Putzen oder Abwaschen – ich mache inzwischen alles nur noch mit Handschuhen. Meine Hände haben sich dadurch prima erholt. Und bei kaltem Wetter trage ich möglichst immer Handschuhe. So sind die Hände nicht nur warm, sondern auch vor Austrocknung geschützt. Unter Wollhandschuhen ziehe ich meistens auch dünne Kosmetikbaumwollhandschuhe an, damit die empfindliche Haut an den Händen nicht durch den Kontakt mit der Wolle gereizt wird.

Regelmäßiges Waschen der Hände ist wichtig, um Infektionen vorzubeugen, und natürlich auch, um das Gefühl von Sauberkeit und Frische zu haben.

Doch der ständige Kontakt – vor allem mit heißem – Wasser und Seife entzieht der Haut die schützenden Fette. Sie wird spröde und rissig, was sie durchlässiger für schädliche Einflüsse von außen macht. Besser ist, die Hände nur mit lauwarmem Wasser und einem hautfreundlichen Waschstück ohne Farb- und Duftstoffe zu waschen. Man erkennt es daran, dass auf den Verpackungen die Kennzeichnung »pH 5,5« steht. Liegt der pH-Wert höher oder niedriger, würde das Produkt den Säureschutzmantel der Haut angreifen. Ein Stückchen eigene Seife kann man auch immer dabeihaben.

★ ★ ★

Hartes und weiches Wasser

Wir bestehen zu über 70 Prozent aus Wasser und brauchen, um gesund zu bleiben, täglich zwei bis drei Liter Wasser zum Leben. Die Haut als unser größtes Organ mit ihren vielen Funktionen – unter anderem schützt sie den Körper vor chemischen und mechanischen Einflüssen und Krankheitserregern, koordiniert den Wasserhaushalt und regelt die Körpertemperatur – ist von ausreichender Wasserzufuhr abhängig.

In Regionen mit härterem Wasser tritt Neurodermitis im Vergleich zu anderen Gebieten doppelt so häufig auf. Forscher nehmen an, dass es die in hartem Wasser enthaltenen Mineralien Kalzium und Magnesium sind, der sogenannte »Kalk«, die die Haut reizen könnten. Schon das Trinken mineralstoffreichen Wassers soll zur Trockenheit der Haut beitragen. Endgültig bewiesen ist dies aber noch nicht.

Eine andere Überlegung ist, dass man bei hartem Wasser mehr Waschmittel und Seife braucht, was Hauterkrankungen ebenfalls begünstigen kann.

Haare und Haut fühlen sich nach dem Kontakt mit hartem Wasser auch anders an als mit weichem. Das liegt daran, dass hartes, kalkhaltiges Wasser in Kombination mit Seife unlösliche Salze bildet und diese »Kalkseife« auf Haut und Haaren zurückbleibt. Bei weichem Wasser kommt es gar nicht erst dazu. Es vermittelt ein Wohlfühlgefühl auf der Haut, sie wird weicher, die Haare werden seidiger und lockiger.

Wissenschaftler haben ebenfalls festgestellt, dass Neurodermitiker, die weiches Wasser zur Verfügung haben, weniger Juckreiz verspüren. Wie auch Menschen mit anderen Hauterkrankungen durch kalkfreies Wasser Linderung erfahren.

★★★

■ *Meiner Haut vertrauen*

»Wenn man wie eine Rose duften will, muss man sich mit Rosen umgeben«, heißt es in einem Sprichwort. Darin steckt die Erfahrung, dass wir, wollen wir uns verändern, uns diesen Wandel so plastisch wie möglich vorstellen und fest auf ihn vertrauen müssen. Viele wissenschaftliche Studien haben die enorme Macht der Vorstellungskraft belegt: Sie unterstützt Heilungsprozesse und trägt wesentlich dazu bei, Ziele zu verfolgen und auch zu erreichen. Profisportler beispielsweise versetzen sich gedanklich in die Trainingssituation und erleben darin jeden einzelnen Bewegungsablauf, den sie optimieren möchten. Die lebendige, intensive Vorstellung regt die Muskeln zu Mikrobewegungen an, die wiederum Gefühle entstehen lassen. So erhält das Unterbewusstsein, das vor allem durch Bilder und Emotionen beeinflusst wird, wesentliche Informationen und schafft die geistigen und körperlichen Voraussetzungen dafür, dass das innere Szenario Realität wird.

Die mächtige Kraft unserer Vorstellung können wir auch für unsere Haut nutzen. Indem wir uns täglich eine Viertelstunde in den Kopf-Kinosaal zurückziehen und dort den Film »Mein schönes Leben, meine tolle Haut!« ansehen. Wir spielen die Hauptrolle und meistern darin all die kleinen und großen Abenteuer des Alltags. Je intensiver wir uns dabei mit heiler Haut und bester Gesundheit erleben, umso wirkungsvoller ist es. Denn unser Unterbewusstsein kennt den Unterschied zwischen Realität und Vision nicht. Es zweifelt keinen Moment daran, dass wir das, was wir in unserer Vorstellung fühlen und worauf wir vertrauen, auch sind. Und wird uns mit all seiner Kraft auf dem Weg dorthin unterstützen.

* * *

Schluss

Ende und Anfang

Das Ende meiner langen Reise zu einer gesunden Haut ist auch der Anfang eines Wegs zu neuen Lebensthemen. Manche kenne ich schon, manchen werde ich unterwegs erst noch begegnen. Die folgenden Worte Charlie Chaplins, die er an seinem Geburtstag am 16. April 1959 verfasst haben soll, sind für mich ein kostbarer Begleiter geworden.

Als ich mich wirklich selbst zu lieben begann, habe ich verstanden, dass ich immer und bei jeder Gelegenheit zur richtigen Zeit am richtigen Ort bin und dass alles, was geschieht, richtig ist. Von da an konnte ich ruhig sein. Heute weiß ich, das nennt sich Vertrauen.

Als ich mich wirklich selbst zu lieben begann, konnte ich erkennen, dass emotionaler Schmerz und Leid nur Warnungen für mich sind, gegen meine eigene Wahrheit zu leben. Heute weiß ich, das nennt man authentisch sein.

Als ich mich wirklich selbst zu lieben begann, habe ich verstanden, wie sehr es jemanden beschämt, ihm meine Wünsche aufzuzwingen, obwohl ich wusste, dass weder die Zeit reif noch der Mensch dazu bereit war, auch wenn ich selbst dieser Mensch war. Heute weiß ich, das nennt man Selbstachtung.

Als ich mich wirklich selbst zu lieben begann, habe ich aufgehört, mich nach einem anderen Leben zu sehnen, und konnte sehen, dass alles um mich herum eine Aufforderung zum Wachsen war. Heute weiß ich, das nennt man Reife.

Als ich mich wirklich selbst zu lieben begann, habe ich aufgehört, mich meiner freien Zeit zu berauben, und ich habe aufgehört, weiter grandiose Projekte für die Zukunft zu entwickeln. Heute mache ich nur das, was mir Spaß und Freude bereitet, was ich liebe und mein Herz zum Lachen bringt, auf meine eigene Art und Weise und in meinem eigenen Tempo. Heute weiß ich, das nennt man Ehrlichkeit.

Als ich mich wirklich selbst zu lieben begann, habe ich mich von allem befreit, was nicht gesund für mich war, von Speisen, Menschen, Dingen, Situationen und von allem, das mich immer wieder hinunterzog, weg von mir selbst. Anfangs nannte ich das gesunden Egoismus. Aber heute weiß ich, das ist Selbstliebe.

Als ich mich wirklich selbst zu lieben begann, habe ich aufgehört, immer recht haben zu wollen. So habe ich mich weniger geirrt. Heute habe ich erkannt, das nennt man einfach sein.

Als ich mich wirklich selbst zu lieben begann, habe ich mich geweigert, weiter in der Vergangenheit zu leben und mich um meine Zukunft zu sorgen.

Jetzt lebe ich nur mehr in diesem Augenblick, wo alles stattfindet. So lebe ich heute jeden Tag und nenne es Vollkommenheit.

Als ich mich wirklich selbst zu lieben begann, da erkannte ich, dass mich mein Denken armselig und krank machen kann. Als ich jedoch meine Herzenskräfte anforderte, bekam der Verstand einen wichtigen Partner. Diese Verbindung nenne ich heute Herzensweisheit.

Wir brauchen uns nicht weiter vor Auseinandersetzungen, Konflikten und Problemen mit uns selbst und anderen fürchten. Denn sogar Sterne knallen manchmal aufeinander und es entstehen neue Welten. Heute weiß ich: Das ist das Leben!

ENDE *und* ANFANG